人類の最大犯罪は戦争

桑原 啓善 著

恒久平和実現の要件

いのちは一つ（数えられないもの、数えてはいけないもの）

一人だけの幸福を求めても、こわれる

一国だけの平和を求めても、事は成らない

だから

生者だけの幸福や生き残りを考える平和運動は片手落ち

だから

一つの命（生者と死者）がそっくり救われる道を求めよ

その方法は

先ず、戦争で死んだ者達を皆生き返らせよ（瞑黙させよ）

その方法は

死者が最も憎む戦争を地上から無くせ

戦争は人類最大の犯罪（集団殺戮の繰り返し）

これを無くす方法は唯一つ

あなたの手から（地球人すべての心から）武器を消せ

その方法は？

序文

本書は、私が昭和57年（１９８２年）から昭和59年（１９８４年）にかけて、一人で日本全国各地を巡って、「不戦のための自作詩朗読と講演会」をした、その講演の記録です。

なぜ、そんな三十年近く昔の古いお話を本にして今頃出すのか。それは、その時の私の主張が今の時代相にピッタリ、いいえ一層ピッタリ適っているからです。つまり世界の様相も人の考え方も、三十年近く何一つ変わっていない証左です。

当時、１９８２〜８４年頃は米ソ冷戦下で、米ソ核戦争の危機が切迫していました。だから、卑小・無名詩人の私までが、命懸けで臆面もなく全国各地を廻り、地球人が生き残る不滅の真理〈不戦・非武装〉を説くため、詩朗読・講演会をやらざるを得なかった訳です。え？　時代相は一変、急変した筈では？　１９８９年11月にベルリンの壁が壊され、１９９１年にソ連邦崩壊し、ここに米ソ冷戦は終結。だから、世界対立の癌であったイデオロギーの対立が世界から消えたので、世は今や自由主義・民主主義を指向する、いわば平和と繁栄への一色の時代に変化したのではありませんか。それに、世界からは植民地が消失し、発展途上国もみな西洋近代文明の華である自由・民主・人権尊重の新時代へと舵をとり始めました。それと国連の存在、米の一極支配で世界の警察も安泰。それだから、世界をあげて平和と繁栄が歴史の前途に光のように見え隠れしていたのではありませんか。

いいえ、歴史は繰返す。またぞろ新しくテロ戦争の危機の発生、地球環境破壊の危機の到来、そして北朝鮮やイランやらの核戦争への危機。更に二十一世紀に入ってから中国の急速な突出で、米中二極化の危機？　いいえ、日本にとっては、一四〇〇年前の聖徳太子の時代の繰返し、中国に平伏するか、それとも日出づる国が自前の独立をはかるかの、決断の選択の岐路に立たされました。その象徴が東支那海の尖閣諸島対立の問題ですね。奇しくも、三十年前（１９８２年9月5日）に私は一篇の詩を書きました。それを次に記します。私の詩にはしばしば予言の詩があったりするものですから。

霧蜻蛉

呉淞《ウースン》の砲台から見ていると

ふしぎなことに
日本までが見えるのだ
一〇〇〇カイリもある東支那海が
血染めの日の丸になって
空に映っている
　〈たしか一九九九年まではそのままで
　　決してはためくことはないが〉
ぜいたくになれきった日本人と
まだ貧しさからぬけきれない「支那人」の
馴れ合いの会話が洩れている

蘆溝橋や柳条湖*の方は
遠くてここからは見えにくい
誰かが霧をまいているとしか思えない
ぼやけたまま　血染めの日の丸が映っている空に

今日は中国キリトンボ科の群が
無数の烈しさの祝宴の
真似をしている

＊柳条湖は満州事変（1931〜）の、蘆溝橋は日中戦争（1937〜）の、戦争勃発の引き金となった地名

さて、なぜ歴史は繰返すのか？　それは世界の対立を生むシコリを人間が持っているからです。それは単純な一事です。人類最大の罪は「戦争」、徒党集団を組んで人間が繰り返す大量殺人犯罪ですから。その最大の被害者は戦争で死んだ人達です。世界の、すべての民族の、敵と味方。だのに性懲りもなく二十一世紀になってもエスカレートしてやっている。もしかして、一人が生き残って、すべてが死ぬまでやり続けるのかしら。なぜ、そんなバカなことをやるのか。それは自分の命と幸福は暴力（武器）でしか守れないと思っているから。

それにしても、なぜ、こんな愚をホモ・サピエンス（知慧ある人間）がやり続けるのかしら？　この答えも至って単純。最大の戦争の被害者、死んだ人達の事を考えずに、生者

の幸福（救い）だけを計り考えようとするから。これは片手落ち。なぜなら、いのちは一つ（数えられないもの、数えてはいけないもの）なのに、生者の方の数だけを一生懸命に数えるから。だから片手落ち。「一個で全部、これが答え」、死者の言い分を聞きなさい。戦争で死んだ全部を生き返らせる方法を考えなさい。そうしたら、半分の生者の方も全部生き残れる。

その方法は至って単純。戦争を止めればよい。………でも、どうやってやめるの、止められるの？　この答えも本当は単純なのです。「戦争反対」「核反対」反対反対の平和運動はいつまでも不毛です。これでは「核廃絶」にはえいえんになりません。平和の名前を呼べばよいのです。いのちは一つなのですから。

平和の名前を呼ぼう

平和の名前を呼んであげよう
平和の名前を呼ぼう
戦争反対　反対　反対では

平和は目を覚まさない
平和の名前を呼ぼう
平和の名前を呼んであげよう

アー　大空を
舞う鳥からは
愛と呼ぶ名の　希望という
まだ名のない明日が降りて来る
オー　それだから
私達の世界を創ろう

ああ　戦争よりも平和を愛しよう
平和の前にあなたを愛しよう
海よ　山よ　町よ
花よ　木よ　石よ

みんなみんなを僕と呼ぼう
あなたをあなたを私と呼ぼう

オー　それだから
愛と呼ぶ名のまだ名のない未来を創ろうよ

――1999・8・22作詞
（作曲・歌唱　青木由有子）

以上が回答です。これで歴史から戦争が消えます。なぜなら、戦争の死者達がすべて彼の地で目を瞑ります。なぜなら、生者がすべて命は一つと知って、愛の人に皆変わりますから。人の心がみんな愛に変われば、この世に戦争などありません。ユネスコ憲章「前文」も、日本国憲法の「前文」も、すべて充足されますから。

ユネスコ憲章「前文」……「戦争は人の心の中で生まれるものであるから、人の心の中に平和のとりでを築かなければならない。」

日本国憲法「前文」………「日本国民は、恒久の平和を念願し、………平和を愛する諸国民の公正と信義に信頼して、われらの安全と生存を保持しようと決意した。」

でも、人がみんな愛の人に進化するなんて、夢のまた夢、理想主義、絵空事ではありませんか？　いいえ、それは可能な事です。なぜなら、可能な方法が一つだけありますから。

これについては、私は次の著書『日本敗戦で、神風吹いた』で詳しく論じます。そのポイントを二点だけ記しておきます。（イ）人がみな愛の人になる方法、それは聖徳太子がひそかにととのえておいた「神軍兵法」ではなかろうか。（ロ）日本は最初にそれを自覚し、実践し、世界に広める役目を持っているらしい。

２０１０年８月９日 記　　桑原 啓善

目次

扉原画　熊谷直人

第一話　不戦のための発言

いま、地球を滅ぼしつつあるものは何か
いま、地球を救うことの出来るものは何か

不戦のための詩朗読と講演会・記録
１９８２・５・１８（東京）都教育会館
１９８２・７・３（横浜）神奈川婦人会館

序言　戦死者の声の代弁なしの平和運動は皆ウソ

なぜ一人で会をやるのかと、時々きかれます。それは、沢山の詩人達と一緒に会をやれば、聞く人も面白いし、もっとアピールすることは分かっています。それでも一人でやるのは、実は、戦死者の声を代弁したいからです。私は戦時中、特攻基地にいて、多くの戦友を失いました。

実は、戦争について最大の発言権をもっているのは、戦死者です。何となれば、戦争で死んだ者が、戦争と最も深いかかわりをもつからです。また、戦争について本当の事を知っているのは、戦死者です。つまり、戦争で死んで、初めて戦争の意味が分かるという意味においてです。

然るに、今日の平和運動では、彼等の声が全く無視されています。生者の考え方だけで、吾々がどう生き残るかについて論議されています。これは片手落ちであり、また、これでは本当の平和は生まれません。私は、死者の声を、生者の声と同席させよ、と叫びます。

また、この事は死者を生き返らせることになります。何となれば、彼等は戦争で虫ケラのように生命を奪われ、空しい思いをしています。また戦後は、死者であるが故にその声は全く無視されています。彼等は二重に空しい思いをしています。いま吾々がその声を聞いてやり、その声を現実に反映してやれば、かりにその身体は戻らなくても、その心は生き返らせてやった事になります。

平和とは、基本において、生命の尊厳ではないでしょうか。生者も死者も分けへだてない生命の尊重。平和とは、恐らく生者を生き残らせると共に、死者を生き返らせることだと思います。いま、この困難な核戦争の危機の時代を、吾々が生き残るためには、死者を生き返らせる程の「いのち」への愛が要求されていると思います。だから、私は戦死者の声を代弁致します。

では、いったい、彼等は「戦争と平和」について、何と言っているのでしょうか。この十年間、私は詩作を通じて、彼等と対話をしてきました(**注1**)。その結果、私は戦死者の心をこのようにとらえました。

彼等はこう言っています。「一切の武器を捨て、戦争を止めよ」と。つまり「不戦と非武装」が彼等の意志です。彼等は戦争を呪っています。何となれば、彼等の一番大切な生命を奪ったのが戦争だからです。では、どのくらい呪っているかというと、「もし君達が戦争を止めなければ、その前に吾々が人類を滅ぼす」と言っています。私はそのように彼等の心を受け取りました。

吾々生者は「戦争を恐れている」だけです。然し戦死者達は「戦争を憎み呪って」います。だから、吾々が「反核・軍縮」であるのに対し、彼等はハッキリ「不戦・非武装」なのです。私は今日は、彼等の「不戦・非武装」の立場に立って話をすすめ、戦死者の声の代弁を致します。

一、いま地球を滅ぼしつつあるものは何か

その一　刻々と迫る核戦争の足音

一九八二年ヨーロッパ、日本

●先日、ニューヨークで百万人の大きな「反核デモ」が行われました。第二回国連軍縮総会に向けて、世界各国から参加しているわけです。あれは昨年十月十日西独のボンから始まった運動です。ボン三十万、ロンドン二十万、ローマ三十万と、ヨーロッパを席巻した運動です。それは日本・アメリカなど世界各国へと飛火し、日本でも文学者の反核運動、三千万人の署名運動など、御承知の通りです。

ところが一説によると、あれはソ連が仕掛けた運動だというのです。つまり国連軍縮総会を口実に、レーガンの核軍拡の動きを牽制しようというのだそうです。私にはその真偽の程は分かりません。唯はっきり言えることは、やはりあの原因はヨーロッパにある、ヨーロッパに急に発生した核戦争恐怖症です。つまり、今までのヨーロッパの反核運動は、政

党や労組を主体としたものです。ところが今度の運動は、草の根の市民が多数参加しています。ヨーロッパには日本のような、特別の市民団体や婦人団体はありません。それなのにあんなに集まったのは、一人一人の市民が自分の意志で参加したわけで、つまり本当の草の根の集まりです。

●では、なぜああいう大きな運動になったのかというと、ヨーロッパ人が急に、ヨーロッパが核戦争の戦場になるのではないかという危機感を感じ始めたのです。御承知のように、ソ連が戦域核ＳＳ20を三〇〇基配備したところ、これに対抗するため、レーガンはパーシングⅡや巡航ミサイルを配備、さては中性子爆弾の生産開始を命じ、ヨーロッパで米ソの大規模な核軍拡競争が始まりました。

それだけならいいのですが、今にもヨーロッパで核戦争が始まる可能性が出てきたのです。それは何かというと、科学技術の進歩で、核の抑止力が消滅したのです。今までは核戦争をやって、両方が核を撃ち込めば、共倒れになるから、核は「使えぬ兵器」、つまり核兵器に、戦争を防止する「抑止力」があるとされてきたのです。ところが技術進歩で、急に核は「使える兵器」に変化したのです。

科学技術の進歩、それは魔性か

●先づ、命中精度の向上です。アメリカからモスクワへ撃ち込まれるＩＣＢＭの命中誤差は僅か百メートルです。これではどんなに地中深くミサイルを隠しても、確実に破壊されます。それにＭａＲＶという技術が開発され、一つのミサイルで十数個の核弾頭が運べます。ですから、先にボタンを押した方が勝ちです。これを核先制攻撃の戦略と申しまして、先にボタンを押しさえすれば、相手の核基地を根こそぎ破壊して、勝利を得ることが出来ます。つまり核戦争は可能、これでは核戦争をやってみたくなります。

第二に、技術進歩は、核兵器を軽量小型化しました。例えばランス・ミサイルは、百キロ飛んで命中誤差僅か一メートル、だから至近距離から小銃で狙い撃ちするのと同じです。それに、建物や都市を壊さず、その中に居る兵士だけを殺す中性子爆弾の出現など、例えばヨーロッパなど、限られた地域での核戦争、つまり限定核戦争が可能になったのです。そこで米ソは自国を聖域化して、核戦争をやるなら、他の地域でと考えます。そういう地域として、今ヨーロッパ、中東、極東が考えられています。然し核を使えば、必ず拡大して全面核戦争になることは、火を見るより明らかなことです。

だから、今もし核戦争が起これば、一体その犯人は誰でしょうか、レーガンかブレジネフか。そうかもしれません。然し、核兵器を作ったのは科学技術、核兵器を使えぬ兵器から、使える兵器に変えたのも科学技術。すると、科学技術こそ、核戦争の真犯人ではないでしょうか。

●更に恐るべきことは、最近アメリカは、ステルスという爆撃機の生産開始を発表しました。ステルスとはレーダーにかからない、いわば見えない飛行機です。実は昨年アメリカの国防省から、日本のTDKに引合いがありました。TDKとはビデオテープのトップメーカーです。そのテープに塗るフェライトという電波吸収体は、レーダーにかからない性質をもっています。恐らくこれを使用するのでしょう。すると、こう言うことが出来ます。このフェライトが将来ミサイルに塗られたらどうなるか。ある朝目が覚めたら、ある国が消滅していた。どうもあの国が核攻撃したらしいが、証拠はない。夢ではなく、やろうとすれば出来る事でしょう。それに日本のNECが、最近もっと高性能のフェライトを開発したと発表しました。平和な科学技術は、すぐ恐ろしい武器に変わるのです。

ですから、吾々はこう言うことが出来ます。今吾々が最も恐れるべきものは、レーガンやブレジネフや、イデオロギーの対立ではない、人類の知恵の結晶といわれる科学技術文明ではないだろうか。**科学技術文明こそ、実は、人類を滅ぼす魔性ではないだろうか。**いま人類はこの新しい一つの問いに直面しています。後で、私はこの事について、更に言及してみたいと思います。

その二　また高まる軍拡路線、死への足音

アメリカの核の傘、その三つの恐怖

●最近、私はある女性詩人から手紙を貰いました。「十年か二十年のうちに、在日米軍基地から、ある国へ向けミサイルが飛び出すでしょう。そのため日本は核攻撃を受け滅亡するでしょう。戦争したのは外国なのに、亡びるのは日本、何と馬鹿げた事でしょう」と。

この詩人は、いったい何を恐れているのでしょう。今まで日本は、アメリカの核の傘の下にあって安全だと思われてきました。ところが、それがとんでもない錯覚だという事が分かってきたのです。

昨年のライシャワー発言以来、在日米軍基地には、核兵器があることがハッキリしまし

た。すると斯う言うことが出来ます。横須賀は米空母ミッドウェーの母港です。恐らくミッドウェーには核兵器があります。すると或る日、ある国がこの核兵器を破壊するために、横須賀に核攻撃を仕掛けるかもしれません。

一発の水爆の威力は、横浜から鎌倉まで、三浦半島全域を即死させます。死の灰は東京へ飛んで、東京の殆んど全員を一～二週間のうちに殺します。更に死の灰は筑波山に至り、その間の半数の人を殺し、残りの人を生涯原爆症で苦しめます。

詩人が恐れていたのはこの事です。つまりいつの間にか日本がアメリカの核基地化し、もしアメリカが他国と戦争すれば、日本はそのトバッチリで、必ず核攻撃を受け滅びてしまうのではないか。

●ところが、国民のこの不安をよそに、政府はアメリカと一緒になって、この恐怖の方向へとどんどん進んでいます。その証拠は……例えばこの四月の海上自衛隊のリムパック、環太平洋合同演習です。これは太平洋をとりまく、米・加・濠・ニュージーランド・日本五ケ国の海軍の合同演習です。そこで日本の海上自衛隊は何をしたかというと、三隻の護衛艦が出て、アメリカの航空母艦の護衛役を務めたわけです。アメリカの空母には核兵器がある筈です。ですから、日本の海上自衛隊は、いわば、アメリカと一緒になって、核戦争の稽古をしていたと言えなくもないのです。これが恐怖の第一です。

●次に、日本政府は今年から来年後へかけて、P3Cという飛行機を百機以上買うことにしました。これはアメリカの強い要請によるものですが、一機が百億円以上ですから、一兆円をこす尨大な予算です。P3Cとは対潜哨戒機といって、ソ連の原子力潜水艦の位置を捕捉するための飛行機です。ソ連の原潜には核ミサイルがあります。それを発射すると何処へ飛んで行くかというと、日本をとびこえて、アメリカ本土へ飛んで行くのです。何のことはない、日本の自衛隊は、日本を守るためにあるのではなくて、アメリカ軍の一環として、アメリカを守るためにあるのではないか。こういう疑問が出てきます。これが恐怖の第二です。

●さて第三の恐怖は、最近の日本政府の右傾化、軍拡路線の動きです。御承知のように、政府は本年度予算で、軍事費を突出させ、昨年に比し七・八パーセントの軍備の拡大をしました。更に近い将来、軍事費はGNPの一パーセントを越えるだろうと言われています。

また、政府は愛国心教育をすすめ、過去の日本の侵略は侵略でなく「進出」と言いなさいとか、また靖国神社の公式参拝を推進し㊟、戦死者は英霊であって、お国のために死んだ英雄であると、つまり一連の戦争の美化をすすめています。また、自民党国会議員の三分の二以上が参加して、自主憲法期成議員同盟を作り、会長岸元首相、顧問に田中・福田元首相でして、これは何をしているのかというと、憲法を改正して、海外派兵、即ち公然と戦争が出来るようにし、徴兵制まで可能にしようと考えているわけです。これが恐怖の第三です。

この三つの恐怖を一つにすると、結局こういう事になります。近い将来日本は、軍国主義国家となり、アメリカと一緒になって、恐らく核戦争でも始めるのではないか。これが日本の恐怖の実体でしょう。

㊟ 靖国神社参拝そのものを否定するのでなく、当時（三十年前）は靖国参拝を使って、いたずらな右傾化（改憲路線）を推進しようとする傾向があった、それを批判しているものです。

また響く軍靴の足音、私はそれを告発する

●日本の政府は、なぜこの危険な軍拡路線を進もうとするのでしょうか。それは、アメリカの強い要請、また戦争を利益とする武器商人達、これと結ぶ政治家や官僚の強い後押し、これが先づ考えられます。然し、日本の指導者の少なからざる部分は、もっと真剣に日本の将来を考え、使命感からも日本の軍拡化の道を歩もうとしているように私には思えます。

それは何か……それは日本の生命線を守るためです。御存知のように日本は資源のない国、貿易技術立国以外生きる道がありません。それには貿易輸送路の確保、これが日本の生命線です。特に東南亜から石油産地中東まではそうです。然し、これは一人では守れないから、アメリカと協同して守らねばならない。それを裏書きするように、財界には「石油確保のため軍事力も必要」の声があり、また財界は米第七艦隊の中東派遣を支持しています。ということは、そのお留守となった千カイリシーレーンは日本が分担防衛しようというわけです。

ここに日本軍国主義化の背景があります。つまりアメリカと協同防衛のため、先づ軍拡が必要、共同作戦のためリムパック合同演習も必要、ひいては海外派兵や徴兵制準備のため、改憲や愛国心教育も必要。その果ては核戦争の危険ではないでしょうか。

●だが、この事は何と戦前の日本の「いつか来た道」とそっくりではありませんか。戦前の日本は、資源がないので、鉄・石炭を求めて満州・華北を生命線とし、満州事変から日華事変を起こしました。次に石油・ゴムを求めて南方を生命線とし、太平洋戦争を起こし敗北しました。

生命線を設定して、これを武力で守ろうとする姿勢、ここに日本軍国主義化の原点があり、過去の日本の失敗の原点があります。この失敗の道を日本はもう一度歩もうとするのでしょうか。

だが、今度は単に失敗ではすまされません。アメリカと一緒ですから。恐らく核戦争にひきずり込まれ、日本は元も子も失くしてしまうでしょう。

即ち、生命線を、つまり**「自己の生活や安全を、武力で守ろうとする姿勢」**、いわゆる**〈力の生活原理〉ここに問題があります**。吾々の十五年戦争の失敗は、この事を学ぶためのものではなかったのでしょうか。「歴史から何も学ばない者は、再び同じ過ちを繰り返す」の言葉の通り、吾々は今〈力の生活原理〉に代る、何か新しいものに依って生きる、そういう道を選択する岐路に立っています。

私は、日本に近づく戦争の原点として、〈力の生活原理〉を告発します。それと共に、それが人類の歴史と共にとられてきたという意味に於いて、五〇〇〇年の人間の歴史を告発します。

反核のウラに見え隠れする、戦争の魔性の爪

●だが、その恐怖、〈力の生活原理〉がもたらす危機が、今世界に充ちています。それが

今人類を死の淵へ追いやろうとしています。

実は、五月の末、ソ連で市民の反核集会がもたれ、一万五〇〇〇人が集まりました。が、これは国家官製の反核集会でして、こういう決議がなされました。「アメリカが核兵器の軍拡をやったから、ソ連も核軍拡をやった。そのおかげで平和が保たれた。だから核兵器は平和を守るために必要である」と。これはソ連の核軍拡を承認すると共に、〈力の生活原理〉を主張するものです。

同じ頃、アメリカへ日本から一人の広島原爆の被爆女性が海を渡って行きました。松原さんという人です。悲惨な原爆の絵を展示して、核廃絶を訴えました。アメリカ人の半数近くが涙を流しましたが、半数以上の人は逆にこう批判しました。「原爆のおかげで第二次大戦が終決できたのだ。また核兵器によって、この三十年の平和が保たれているのではないか」と。アメリカでは学校でもこのように教えているそうです。これは、ソ連官製の反核集会の決議と、何と似ているではありませんか。米ソ両国は、口に反核・軍縮を唱えながら、実際は、核兵器の軍拡をつづけてきました。その原点は、国の生活と安全は武力で守るのだ、この〈力の生活原理〉にあるわけです。

●私は今まで、米ソ共に、核兵器によって、アメリカは資本主義世界を、ソ連は社会主義世界を守るものだとばかり思っていました。ところが最近、それはそうではない事をはっきり知りました。

彼等は、誰のために、何のために、核兵器の開発と軍拡をやっているのでしょうか。それは、核戦争が終った後、国家再建に必要な、一握りの政府高官と、軍幹部と、一握りの技術者を生き残らせるためです。市民のためではありません、彼等はすべて見殺しです。その証拠は、アメリカは最近、二千万人の市民の死を覚悟する核戦争計画をたてました。その半面、巨大な頑丈な核シェルターを建設しています。一握りの指導者の生き残り用です。これが〈力の生活原理〉が人類に与えるギリギリの回答です。非情というより、悪魔そのものです。

よって、私は、**人類を滅ぼす被告人として、〈力の生活原理〉**と、先程指摘した**〈科学技術文明〉を、人類の名に於いて告発します。**

以下私は、第一に、力の象徴である戦争を告発します。第二に、力の結晶である科学技術文明を告発します。そして最後に、武器を捨てて、人間は如何にして安全であり得るか、その細い可能性について考えてみます。

二、戦争の「魔性」性

その一　人心に刻み付ける戦争の罪、それが人を鬼にする

戦争の爪痕、それは死なない

●戦争は最終的に人類を滅ぼします。戦争の本質は魔性だからです。戦争の悪については誰しも知っています。唯なぜ悪いのかと訊かれると「戦争は多くの人を殺傷し、多くの財貨を破壊するから」と考えます。確かに、一発の原爆で広島十四万、長崎七万の人が一瞬にして死に、第二次大戦で日本だけで三百万、世界では三千万人以上の人が殺されました。また、世界の富の大部分が空しく消えました。だが見方を変えて申しますと、今言ったこれらの事は、戦後回復可能な被害です。例えば、大戦で三千万人も死んだのに、戦後の人口はたちまちそれを上廻り、廃墟の上に戦前を上廻る壮麗な文明が築かれました。だから、人々は戦争によって人類は滅びることはないと思い込んで、また戦争を繰返すのです。

●然し、それにも拘らず、人類は戦争に依って確実に滅びつつあります。そして今まさにその滅亡の断頭台に立っています。

それは一体何かと申しますと、戦争の残した見えない傷、一言で申しますと、**戦争による人心の悪化、精神の破壊**による人類の滅亡です。

これが人類を滅ぼす元兇です。いわば悪魔の残した爪痕、つまり戦争という悪魔が、戦争で人が人ひとりを殺すたびに、人間に記した爪痕です。有史以来、人間が戦争に依って殺した数だけ、その爪痕が人類の精神に記されています。今その毒が吾々の身体に廻り、人類はもう死にかけています。その症状の一つの現れが核戦争です。

人類を滅ぼすものは見えないものです。人は目に見えるものによってしか、物を判断しようとしません。然し見えないものの中に、真実が隠されているのです。

戦争の爪痕二つ、生命の軽視、物の軽視。その先は大洪水

●では、人類を滅ぼす戦争とは、人心の悪化とは何でしょうか。戦争とは……第一に、暴力の肯定であり、生命の軽視です。戦争は虫ケラのように人間の生命を暴力で踏みつぶします。然も、それを、良い事だ、ヤレヤレと言って奨励するのが戦争です。これは、狂

気であり、まさにその体質は悪魔です。

ですから、こんな事を何年もやっていると、人は自然に、生命は虫ケラだ、暴力は良い事だと思い込んでしまい、それが戦後、人の性向となって残ります。従って、戦後、犯罪の増加、暴力の横行は当然の事です。

ところが、その最大の被害者は子供達です。彼等は、暴力は良い事だ生命は虫ケラだという中で育ったのですから、それが生まれながらの子供達の性格となってしまいます。青少年の非行、犯罪の低年令化、家庭内暴力や校内暴力、これが増えるのは当り前です。

目に見える原因に依ってしか物を判断しない識者は、教育が悪いとか、家庭に問題があるとか、社会に罪があるとか、いろいろ言いますが、(勿論、そこに二次的原因がある事は事実ですが)然し、真因は戦争による人心悪化である事を彼等はとらえていないので、世の中は一向に良くなりません。

こうして戦争の傷痕は、親から子へ、子から孫へと継承され、人心は悪化の一途を辿って来ました。

●ところが戦争にはもう一つ、人心を悪化させる要因があります。それは戦争が大量の物資を無駄に消費する事です。

鉄砲や弾丸にして消費するだけでなく、その鉄砲や弾丸によって大切な財貨を破壊します。だから、戦争は人間の心に、物の価値を軽視し、物の使い捨てを平気にさせる、悪い性格を植え付けます。

その最大の被害者もまた子供達です。彼等は使い捨て経済、使い捨て生活の中で育てられますから、しぜんに物は紙クズ同然だと思い込んでしまいます。それと共に、もう物なしでは生きられない物に頼る弱い人間、また何でも物に換算してしまう打算的人間になってしまいます。つまり戦争は、弱いくせに自分本位で、打算的な物質主義者の顔に人間を作り上げます。崇高な精神性はそこから消え去ります。

●何千年の間繰り返した戦争によって、吾々の顔は、今どんな顔になっているのでしょうか。恐らくそれは、生命を虫ケラとする暴力主義者の顔、もう一つは、物質を紙クズのように濫費する物質主義者の顔です。いわば暴君の黒い顔と、頽廃の赤い顔です。それはまさに悪魔のもつ二つのマスクではありませんか。

ですから、人類が今、破局の日を迎えている事は当り前の事です。悪魔の黒い顔が、核戦争を引き起こす事が十分考えられます。悪魔の赤いマスクが、公害のタレ流しを平気でやり、生態系を破壊して、果ては天災を呼び起こすことも考えられます。またそんな戦争や公害に依らずとも、法と秩序を無視する暴君と異常人がはびこって、手がつけられない混乱の世が近づきつつあることも想像できます。

人類はいま洪水の直前にあります。洪水というものは、水が危険水域を越すまでは、未だ危機感だけで洪水とは云えません。然し、いったん水が堤防を越すと、もうそれを止めることは出来ません。吾々はまさに今、堤防を越える水を見ようとしています。

その二　死んでも消えない怨念、それが人類を殺す

あなたは怨念をご存知ですか

●ところが戦争には、もう一つ、**この破局を押し進める恐ろしい別の要素があります。いったい、その要素**とは何か。

それは……実は、**戦争で死んだ戦死者達の怨念です**。ハテ、戦死者達の怨念が、ナゼ、何を、どのように人類の破局を押し進めるのでしょうか。

戦死者がなぜ怨念をもつか、それはお分かりになると思います。先程私が朗読した詩の

中で述べました通り、〈生が、無意味に抹殺されることは、恰度、死が無意味に復活されることのないように、厳粛な怒りだ〉という事です。（注2）

つまり、人が此の世に生まれたのは、此の世で何かをするため、自分のため、世のため人のため。それが、戦争で生命を中断されることは、とり返しのつかない怒りとなります。まして、意味のない戦争、日本の十五年戦争とか、アメリカのベトナム戦争とか、空しい戦争に、無理やり駆り出されて生を抹殺されることは、言いようのない悔しさとなります。然も、高度成長とやらの中で、生き残った人々が享楽に酔いしれているとすれば、特に若い戦死者にとっては、自分の生命が、紙クズか虫ケラであったことが、思いしらされて、何とも言いようのない怨念となります。

●だが、その怨念に気付く人は少ない、ほんの一握りの、戦死者の死を自分の死のように思いやることの出来る人達だけです。そういう怨念の存在に気付いている少数の人達がいます。

例えば『戦艦大和の最後』を書いた吉田満。私は海軍で半年間彼と同じ兵舎に居たことがあります。惜しいかな三年前に亡くなりましたが、その彼がエッセイの中で、こういう意味の事を言っています。「戦死者の怨念が、風のように雲のように、私の頭上を渦巻き流れて去らない」と。

また、回天特攻隊の生き残り、文芸評論家の松岡俊吉氏は「いま彼等は、顔も身体つきも、そっくりそのまま夢枕に現れる。だが、その戦死者の声はききとれない」と。

また、詩人宗左近氏は、鎮魂歌〈縄文〉詩集を書いた後、毎日新聞で次のような意味の事を語っておりました。「私は戦死者達を、〝僕の内なる生者〟と呼んでいる。私は彼等と会話し、議論し、慰め、喧嘩もする。彼等の霊魂はまだ慰められていない。だから戦争は未だ終っていない」と。私も全く同じように考えています。

●私は初め、戦死者を思い出して、鎮魂歌のようなものを書いていましたが、だんだん書いているうちに、仲々彼等が成仏してくれないので、彼等のすさまじい怨念の存在に気付きました。

だんだん彼等を問いつめているうちに、その怨念の中味が分かってきました。私は「戦い終らず」という詩篇の中でこう書きました（注3）。書いたというより、幼馴染であり戦友だった戦死者孫尾徳次郎の声そのものなのですが、

〈祖国がさいあいの形で亡びるのを願う　俺達の身体のように冷えきって〉

この〈祖国がさいあいの……〉これは亡国の願いです。それは当然戦死者の怨念です。

ところが、この裏にはもう一つ、祖国や肉親に対する愛があるのですね。私はまたこう書きました、いや彼はこう言っています。

〈おゝ　俺達まだ二十二の青春をかけて　愛する者よ　父よ母よ妻となるべき女《ヒト》よ
君達が二度とあざむかれない死のために〉

そのために亡国を願っているのだ、というわけです。なぜ、愛のために亡国を願うのか……戦死者達はどうやら、近未来に祖国の滅亡、人類の滅亡を、即ち地球の大洪水を予感しているようなのです。だから、悲惨な滅亡の時が来る前に、安らかに死んで呉れよ、と。それが愛する者たちへの愛、そしてこれが亡国の願いらしいのです。だから、彼等の怨念には、怨みと、愛と、人類滅亡の予感と、三つがコンプレックスとなって渦を巻いています。

●私はこれを確かめるため、千鳥ケ淵の無名戦死者の墓苑に行きました。そこで多くの戦死者の声を聞き、それが事実であることを知りました。知っただけでなく、実は彼等が、その怨念の実行のために、つまり亡国の実行のために、今さかんに動いていることを感じました。その戦死者の一人がこう言っています。私の詩「軍靴のうた」の中で、**（注2）**

〈明後日、おれは人ひとりを突き刺す
街できれいに〉

私はこう書きましたけど、これは実は戦死者の生《ナマ》の言葉です。そこで私は訊きました「いったい、君は何人殺すつもりだ」と。すると、〈すべての人を殺したとき、波が静かになるのだ〉と答えが返ってきました。（注4）

今、戦死者達の怨念が、日本といわず、世界中に渦巻いています。それが、わけの分からない通り魔殺人となり、青少年の麻薬流行、退廃の原因となったり、日航機事故のような事故の背景となり、はては、国際的な摩擦対立をあおり、世界の軍拡競争の熱をあおったりしています。

●皆さん、私が今申しました事は、単なるたとえ話、比喩とお聞きになっても結構です。また真実だとお聞きになっても、どちらでも結構です。唯、私はこの耳で聞き、この心で感じた通りを申し上げただけです。

要するに私が言いたいことは、戦争で国が守られるとか、良い世の中になるとか、自由や民主主義が守られるという、レーガンやブレジネフや、世の偉い先生方の考え方が、途方もない間違いだという事を言いたいのです。また、武力や戦争で吾々の安全や幸福が守られるという、世間一般の考え方が、根本的に間違いだという事を言いたかったのです。

そうではなくて、戦争は人間を駄目にして、さまざまの混乱を起こし、次の戦争の種を生み出すものです。それだけでなく、無数の戦死者達の怨念が働いて、やがて、人類を破局へ導くものです。

今、今次大戦で死んだ何千万の戦死者達の怨念が世界中に漂っています。そのため、この地球は二十一世紀を待たずして、あるいは二十一世紀そこそこに、もう駄目になるかもしれない、私は今そう感じています。

三、近代科学の「魔性」性

生まれも育ちも魔性

●いま私は、人類は二十一世紀を待たずに、もうそこそこに亡びると申しましたが、それは何によって滅びるのでしょうか。それは、人類が、自分の手で首を締めるのです。文明の名に於いてです。その文明とは、科学技術文明です。つまり**科学技術文明とは、人類を滅ぼす魔性、その体質は悪魔**なのです。

すると、ハテ科学技術はむしろ、人間を救い、世界を豊かにする救いの神ではないかという反論が出てきます。確かにそうかもしれません。例えば、スイッチ一つで噴水のように財貨を生み出し、ロケットに乗れば宇宙へ飛び出し、神にも匹敵するコンピューターという頭脳を生み出したのですから。いわば地上のパラダイスを創り出したわけです。

然し、「悪魔は、優しい言葉で近づく」と申します。もし、人類が核戦争によって最終的に抹殺されることになれば、その同じ科学技術の生み出したパラダイスは悪魔の優しいささやきであり、科学技術の体質は、まさに悪魔、魔性であった、ということになるのではないでしょうか。

●では、科学技術文明はなぜ魔性なのでしょうか。それは、**生まれも育ちも魔性**だからです。

その生まれは、御承知のように、今から四〇〇年前、西ヨーロッパです。

それは、同じ「科学」の名はついていますが、二五〇〇年前のギリシアの科学とは似ても似つかぬものです。ギリシア科学の目的は、人間の魂の進歩向上にありましたが、近代科学の目的は全く違っています。それは、近代科学の創始者の一人、イギリスのF・ベーコンが言ったように「知は力なり」という事です。「知」とは、科学的実験によって得られた知識、「力」とは、地上の物質生活を豊かにするための力。つまり近代科学の目的は、初めから、地上に物質の豊かなエデンのパラダイスを創ることにありました。精神ではありませんでした。

従って、その研究方法も、地上の物質のエキスを抜き取るに一番有効で確実な方法、つまり、この五感を基礎とした実験実証という方法でした。それは、いわばザルで水を汲むやり方です。ザルに残るのは、形のあるもの、つまり物質だけです。精神とか目に見えない生命のようなものは、ザルの目から皆洩れます。これが近代科学の実体です。

例えば、二十世紀最大の詩人といわれるリルケの詩に、「秋」という作品があります。その詩の大様の意味は次のようなものです。

葉がおちる　葉がおちる
大空の園が枯れてしまったように
この手も落ちる　すべてのものが落ちる
見よ　すべてのものの中に落下がある
だが　それらの落下を
限りなく優しく受けとめている

リルケの目は、落ちる木の葉、おちるこの身体、落ちる地上のすべての形あるものの外に、これを支える神の手を、またその手に支えられ受け止められている永遠の生命のようなものを見ています。詩人の目は、神とか、永遠性とか、生命とか、精神とか、目に見えないものを見る視力をもっています。

然し、近代科学は最初から、それを見ることを拒絶してきました。ここに、近代科学のもつ「生まれ」の魔性性があります。

近代科学の二つの結婚

●次に、近代科学はその育ちも魔性です。なぜかというと、近代科学は金儲けと戦争で発展し、最終的には、この金儲けや戦争と結婚するからです。

近代科学が生まれた頃、新大陸アメリカやアジアへ行けば、いくらでも金儲けが出来ました。だが航海技術が未熟で簡単に行けなかったのです。そこで星の観測を正確にして行こうとしました。そこで国王達は盛んに天文研究を奨励しました。これがコペルニクスから、ケプラー、ニュートンに至る天文学の発達です。

また同じ頃、国と国との戦争がさかんで、戦争に勝つためには、どうしても大砲の命中精度を高めなければならなかったのです。そのため諸国の王は争って、力学の研究を奨励しました。これがガリレオ・ガリレイからニュートンに至る物理学の発達です。

コペルニクスやケプラーはキリスト教の僧侶で、ガリレイもニュートンも敬虔な信徒でした。ですから特に金儲けや戦争のために研究したわけではありません。然し、当時の近代科学発展の背景には、実に金儲けと戦争があり、その刺激により発達したというわけです。
●次に、近代科学は先づ金儲けと結婚しました。今から二〇〇年前、イギリスで産業革命が起きます。産業革命とは人間が機械で物を生産するようになった事ですが、その機械の発明の代表は、ジェームズ・ワットの蒸気機関でした。ワットが蒸気機関を発明しますと、みるみる機械工場が建ち並び、蒸気機関車が発明され、今までの何百倍の商品が生産され取引されるようになりました。そこで科学は儲かるという事がはっきり分かり、ここに近代科学は金儲けと握手しました。例えば、職人であったワットは、当時の碩学アダム・スミスや、製鉄王ジョン・ウィルキンソンと友人となり、縁戚関係を結びます。階層制が厳しかったイギリスでは考えられない事です。つまり、ここに**科学と金儲けは結婚**したのです。

それから百年の間に、もの凄い科学技術の発明発見が続きます。発電機が発明され、機械が電気で動くようになり、電灯が灯って世界から夜が消えました。ディーゼル・エンジンが発明され、これが自動車や飛行機になります。また堅い鉄、鋼が開発されて、どんな大きな機械、精密な機械でも作れるようになっただけでなく、恐ろしい巨大な軍艦や大砲もどんどん作られるようになりました。こうして世界中はすっかり変わりました。科学と金儲けの結婚のおかげです。

● **次に、近代科学**はいよいよ**戦争と結婚**しました。それは二つの世界大戦を通じてです。特に第二次大戦で科学は完全に戦争と結婚し、その奉仕者となりました。御承知のように、大戦中アメリカは原子爆弾を発明しました。また飛行機をキャッチするためのレーダーを開発し、これが大戦後コンピューターとなりました。またドイツは大戦中、V2号と呼ばれるロケットを発明しました。

大戦中に開発された三つのもの、原爆・ロケット・コンピューターこの三つが組み合わされたものが、恐ろしい核ミサイルです。今これが人類の喉元に突きつけられ、人類の滅亡を脅やかしています。そして、これはいづれも世界大戦という、戦争の刺激によって科学が発明したものです。つまり、科学と戦争の愛の結晶、これが恐ろしい核兵器です。

遂に、国家と結婚します

●さて以上のように、近代科学は先づ金儲け、次に戦争の奉仕者となりました。ですから、これは国家が放っておくわけはありません。科学によってお金が儲かり、強力な武器が作られるのですから、国家の発展と防衛に科学はなくてはならぬもの、つまり科学技術の開発は国の経済と国防の生命線となったわけです。ですから、以後、諸国は争って科学技術の発展のために、巨大な財政資金をつぎこみ、国家の総力をあげて科学技術の奨励をしました。

つまり、科学は金儲けや戦争だけでなく、今や国家とも結婚してしまったわけです。こうして政財官一体となった科学技術の奨励、それを通じての金儲けと恐ろしい武器の開発競争、これが第二次大戦後の世界です。

こうして、漸やく科学技術による人類滅亡の時が吾々の目にも明瞭になってきました。つまり、恐ろしい武器を開発すれば、それが金儲けの先進技術となり、金儲けの先進技術は、恐ろしい武器となるのですから、諸国は競って恐ろしい武器の開発に狂奔します。もし、ある国がその開発に手心を加えれば、すぐその国の安全と繁栄は脅やかされるのですから、どこの国もそんな馬鹿な事はしません。こうして天井しらずの武器開発競争時代、これが現代です。

そして、これにはもはや何の歯止めもありません。ですから、このままなら人類は、二十一世紀を待たずに、最も恐ろしい武器によって滅亡するだろう。これが私の推測です。

魔性の正体とは何か

●だが、どうしてこういう事になったのでしょうか。それは今まで見た通り、科学技術の体質が、最終的に人類を滅ぼす魔性だからです。それを私は「生まれも育ちも魔性」という事で見てきました。

だが、魔性はなぜ人類を滅ぼすのでしょうか。ここで私はもう一歩突込んで、魔性の正体、その原点をあばいてみたいと思います。

では**魔性の正体**、つまり近代科学の原点とは何でしょうか。それは、地上にエデンのパラダイスを創ろうとした人間の願望です。つまり、**幸福とは、地上的なもの、物質によっ**

て創り出せるものと考えた、その人間の考え方です。だから、近代科学は物質のエキスを抜き取るのに一番有効な、実験実証という方法を開発しました。この方法によって近代科学は、美事に物質のエキスを抜き取りました。物質のエキスとは「力」です。力とは武力であり、財力であり、権力なのです。

その財力の結晶がエデンの園です。武力の結晶が核兵器です。だから近代科学とは、エデンのパラダイスと、恐ろしい核兵器の二つの刃をもった両刃の剣です。まさに魔性の魔性たるゆえんです。

ところが困った事に、「力」は競争の原理に立ちます。競争は最終的に必ず勝負で結着をつけます。然も困ったことに、今やこの結着は核兵器でつけられます。だから、核戦争が起こり人類が滅亡することは、魔性である科学技術文明の必然の結果です。実に、**近代科学とは、あの「力の生活原理」の美事な結晶体**であったわけです。

では、人間が生き残るためにどうしたらよいのでしょう

●魔性である近代科学を捨てねばならないのでしょうか。だが今更野蛮に返るわけにもいきませんし、それは馬鹿げた事です。

では科学の善用、つまり役に立つものだけ作り、武器は一切作らないようにしたらどうでしょう。それは机上の空論です。もしある国が武器の開発に手心を加えれば、その国の安全はすぐ脅かされるから、そんな馬鹿な事をする国は一つもありません。

では、世界一斉に武器を作らないように、開発しないように申し合わせたらどうでしょう。つまり、国際管理下の核軍縮とか核兵器不使用という事です。だがそれも一時的に終るでしょう。

何となれば、金儲けの技術はすぐ武器に転用できるからです。たとえば、日本には核兵器は無いことになっていますが、実は潜在的にあるといってもいいのです。御承知の通り、原子力発電でプルトニウムを作ることが出来ます。他方、三菱重工あたりでミサイルを作っています。だからこれを二つ組み合わすと、すぐ核兵器となります。大体長崎型原爆にして年間三〇〇発作れます。だから、これを使いたがる困った人が一人でも世界にいる限り、いくら国際管理下といっても、少しも安心は出来ないのです。

それに困ったことに、五千年にわたる戦争の歴史によって人心が悪化し、いま人類は殆んど異常人か悪魔のようになっています。**「異常人に刃物」これが現代の状況です。**どう仕様もありません。

●ですから、人類が本当に生き残ることを望むなら、ここで思い切って、人間の方で変わるしか方法がありません。つまり、もう戦争はしません、一切の武器は捨てます。という考え方になる事です。つまり五千年にわたる**「力の生活原理」の放棄**、いわば人間の変革、生まれ変わりです。

然し、そんな神様のように人間が変われるものでしょうか。いや、神様になるわけではありません。人心が悪化したのは五千年にわたる戦争の歴史によってそうなったのですから、単に元の人間に返ればいいのです。

だが、本当に、そんな絶対平和な心に人間がなれるものでしょうか。勿論、そこには産みの苦しみがあります。人間の変革ですから。恐らく、死を覚悟する程の苦しみがあるでしょう。然し、この外にもう生き残る道はないのですから、そうするしか仕方がありません。死を選ぶか、死の苦しみを通っても生き残る道を選ぶか、吾々は今二つに一つの選択を迫られています。

然し、私はそこに、細いながら、一つの可能性を感じています。それは「人間が何かをしようと決意した時、そこに道が開け、そこから新しい文明が始まる」という意味においてです。細いけれど確実な道、迂遠のように見えて一番近い道、そういう道がありそうです。私は今、死か生かのギリギリの断崖の上に立って、初めてそう感じています。

　ではその道とは何か。人間が生き残る可能性、つまり人間が武器と戦争を捨てた後、なお生き残れるとしたら残された唯一つの道、その道について、私は次に、比喩、たとえ話をもって私見を述べたいと思います。

四、いま、地球を救うことの出来るものは何か

失楽園の真実

●旧約聖書によりますと、アダムとイヴは禁断の木の実を食べたため、その罰によって、エデンから追放されたことになっていますが、私はあれは違うと思います。もし、神があるとすれば、神は罰など食わしませんから、あれはアダムとイヴが勝手に出て行ったのだと思います。なぜ出て行ったかというと、禁断の知恵の実を食べて、知恵がつき、神にでもなったつもりになって、よし、では自分の力で、別のエデンの園を作ってみようと、山

気を起こしたためでしょう。

その証拠に、二人は知恵の実を食べますと、すぐ自分の身体を無果花の葉で隠しますね。あれは人の目を意識するようになったことで、つまり、自分と他者とを区別する目をもったわけです。あれは科学者の目で、つまり何事も、客観的に対象として、自分の外にものを見ようとする目です。だから、神さえも自分の外にある他者として見るようになり、従って、全く他人同士となったのでは、神のエデンの園に居候生活も心苦しい。では、イッチョ、自分の知恵で別のエデンを作ろうという事になったのです。但し、土の上に物質のエデンの園をです。

●さて、神が、彼等を罰として追放したのではない証拠が残っています。実は、エデンの園には禁断の木の外に、もう一本、生命の木というのがあったのです。それを食べると、永遠の生命が得られるという木です。これは食べてもいい木だったのに、どうやら二人は食べなかったようですね。

で、二人が出て行くと、神はすぐ、門の処にグルグル廻転する焔の剣を置いて、生命の木を遮り、食べられないようにされました。なぜかというと、二人がそれを食べると、既に二人は知恵の実を食べて賢くなっているので、更に永遠の生命までもつと、それこそサタン、悪魔になってしまうからです。

●もうお分かりでしょうか、エデンの追放が、懲罰でなかった意味が。もし懲罰なら、なぜ神は、生命の木を捨ててしまわれなかったのでしょう、二度と食べられないようにです。それが未だ其処に在るという事は、アダムとイヴは、今でもそれを食べるチャンスをもっているという事です。

だが然し、知恵の実を食べた二人は、生命の実を食べるわけにいきません。直ぐサタンになるからです。それは神の掟です。でも生命の木はまだ置かれています。私が、「道はある、だが細い」と言ったのはこの事です。

だが、核戦争の危機で、断頭台に立っている吾々アダムとイヴの子孫達は、今それを食べない事には、生き残ることは出来ないでしょう。

食べる事が出来るでしょうか。もし出来るとすれば、その条件は、知恵の実を体外に嘔吐する事です。（嘔吐して、その上で食べればもうサタンにはなりませんからネ）。もうその外に方法はありません。それが残された唯一つの条件です。

嘔吐が出来るでしょうか。既に食べてしまって、指の先まで毒がまわったこの手で、知恵の実が抜き取れるでしょうか。

また、知恵の実を嘔吐するということは、知恵の実の結晶である科学技術文明を捨てるという事です。科学技術文明を捨てるという事は、その成果である地上のパラダイスと、核兵器とを捨てるという事です。そんな事が出来るでしょうか。

核兵器は捨てられても、パラダイスを捨てるわけにいきません。それに、レーガンとブレジネフとか、どうしても核兵器を捨てようとしない人間がいるから困っているのです。

●どうしたらいいでしょう。では、いっそ、メシアとか救世主に頼んでみましょうか。だが、そんなものは初めから居ません。もともと原罪とか懲罰とかは無かったのですから。神は初めから、救世主など置いていません。そんなものを当てにしてきたからこそ、人間はとうとう、地球の終りの日を迎えることになったのではないでしょうか、**〈追記1〉**。もともと、人間が勝手にエデンから出て来たのですから、今度も、自分の足で帰らねばなりません。だが、どうやって？

残された一つの道が見えませんか

●ではもう一度、神がなぜ生命の木を取り捨てなかったかを、思い出してみましょう。生命の木はあるのです。今でもエデンに。ぐるぐる廻る焔の剣に遮られてはいますが……………然し、吾々は、それを心に描くことは出来ます。強く烈しく憧れることは出来ます。これが嘔吐の方法です。なぜでしょう?

では、なぜ神が、知恵の実と生命の実を一緒に食べてはいけない、とされたか思い出して下さい。サタンになるからです。サタンになるとは、人間が人間でないものになるという事です。だから、人間が人間であるためには食べていけないもの。つまり、一つを食べたら、他を食べてはいけないもの。言い換えると、この二つはお互いに拒絶反応、即ち相反した性質、二律背反性があるのです。

だから、いま私達が、生命の木を思い烈しく希求しさえすれば、しぜんに拒絶反応が起こり、知恵の実を体外に嘔吐するのです。これが人間の持っている自然治癒能力です。救世主などいりません。人間の内部にその力があるのです。

だが、生命の木を烈しく思うとはどういう事でしょう。それは、**生命の木である永遠なるもの、つまり生命とか、精神とかを、(お金や物より)もっと価値あるもの、この二つを宝として大切なものとして、吾々が日常生活を生きることです。**

何となれば、核戦争を生き残るとは、生命の木である永遠性、つまり生命と精神の尊厳性を、生命にかけて守ろうとする事ですから。だから、口に、いくら「反核・軍縮」と叫んでも、この生活が日常生活で出来ていなければ、その声は本当の平和の声となりません。知恵の実は体内に残ったまま、とうてい生命の木を食べる条件は作られません。

だが、道はもっと細いのです……。切角、知恵の実を嘔吐しても、まだ（嘔吐しただけでは）生命の実を食べたわけではありません。生命の木はエデンの園の中に置かれています。園に一歩入って、これを食べないことには救われないのです。だが、その入る門はぐるぐる廻る焔の剣で遮られています。吾々はそれを越えなければなりません。超えられるでしょうか？　これが残された最後の条件です。

決死で、その道を歩けますか

●いま日本には、非武装中立を唱える貴重な人々がいます。あれは世界に灯された、一握りの平和への希望の灯かもしれません。なぜかというと、もう不戦と非武装の外に、世界は救われないからです。

だが彼等は、どうやって、武力なしで国が守られるのか、と聞かれると、すぐ腰くだけになります。「それは……」と口ごもり、「吾々が誠心誠意国際協力して、困った国、困った人を助け、援助政策を推進すれば、まさかそういう国に攻めて来る国はないだろう」と言います。だが、そのまさかが、万に一つでもあったらどうするのです。「僥倖」をあてにするという事は、国を守る道ではありません。だから彼等は弱いのです。

でもその時、彼等が「その時は死ねばいいのだ」と言いさえすればいいのです、自信をもって。

亡国を覚悟してまで、非武装中立を貫ぬくことは立派な事です。だが「立派だけでは国は守れない」、そう思い返して彼等は気弱になるのです。
●では、やはり、非武装中立では無理なのでしょうか。ここで、もう一度、神がなぜ、エデンの園に生命の木を捨てずに置いておかれたかを思い出して下さい。それはたしかに、焔の剣で遮られてはいます。が、それは確実に、そこに在るのです。
ですから、命をかけて、焔の剣をくぐりさえすればいいのです。命を賭けることの出来た者だけが、焔の剣をくぐることが出来る、唯一つの条件です。焔の剣がそこに置かれたということは、生命の木を遮るためでなく、生命の木を食べるための条件、そのために自己の命を賭ける勇気を、人間につくらせるためです。現に、焔の剣の向うに、依然として、生命の木がそこに在るということが、何よりの証拠です。その実を食べた人には、きっと素敵な未来が始まるかもしれません。まだ私達が見たこともない。それはさてお

き……、

いま、人類は核兵器を捨てるか捨てないか、戦争と武装の一切を捨てるか捨てないか、生か死かの、選択の断崖に立っています。核兵器を、戦争を、武器を選べば、それは前に見てきた通り、万に一つも生存の望みはありません。かといって、武器を捨てれば、国が亡びると思い、だから皆捨てないのです。

が、**その国が亡国の覚悟（決死の覚悟）をしさえすれば、万に一つくらい生き残れる望みがあるのです**。万に一つも生き残る望みのない道と、万に一つくらい生き残る望みのある道と、どちらを選べばいいのでしょう。**そういう決断をする国が、今一つ必要なのです**。世界が生き残るためには。

以上、私は比喩、たとえ話をもってお話してきました。おかしな事です。世界の運命をもうこんな寓話でしか、話せなくなっているという事が。それほど吾々の運命が、今は一片のお話になりかかっているという事でしょうか。

●私は現実路線としては、（地球の未来に）今人々が叫んでいる非武装・非同盟中立とか、やがては世界連邦の方向を考えています（但し、その前に決死の道を歩んだ後で）。即ち安保を解消し、自衛隊を解体し、米ソ何れとも同盟を結ばず、不戦非武装の道を厳然と進む。そのためには、積極的に他国と協同し、発展途上国や世界の貧しい人達の救済と指導をします。幸い日本には秀れた科学技術があります。これをそちらへ善用すればいいのです。そして何よりも、亡国を覚悟してまで、政治・経済・文化の一切を、そういう愛と奉仕の方向へ、思い切って方向転換しなければなりません。それは余りにも現実ばなれした夢のようだと言われるでしょう。だがその外に、生き残る方法があるでしょうか。もう人類はここらで腹をくくらねばなりません。

●そして、このことは甚だ遺憾な事ですが、政治家とか、官僚とか、財界人とか、偉い先生方には、訴えても無駄な事です。彼等は権力とか、財力とか、権威とか、知恵の実の成果を握っているからです。彼等は知恵の実を嘔吐する最後の人達です。

いま頼むことの出来る人々は、世界の、肩書も権力も金もない無名の庶民だけです。**庶民から庶民へ、知恵の実を嘔吐する運動が、今始まらなければなりません。**

それは、吾々が反核・軍縮と叫ぶ時、不戦・非武装と叫ぶ時、どれほどその日常生活に於いて、吾々が精神や生命を、金や物や力よりも大切なものとして生きているか、どれほど、それに生命を賭けているか、それによってその叫びの声の大きさが定まります。決して、その肉声の大きさでなく、実は、見えないところから聞こえてくる庶民達の、生命と精神の価値に賭けた、そのいのちの、大きさによって定まるのです。

それだけが今、世界を変えることの出来る、残された一本の細い絆だと思います。何となれば、その外に、人間が知恵の木の実を、体外に吐き出す方法がないからです。

（了）

第二話　命は一つきりのもの
——数えてはいけない

不戦のための詩朗読と講演会・記録
1983・2・13（大阪）阪急オレンジルーム劇場

一、現代版ノアの方舟

●実はこの間、ショッキングな話を聞きました。もうすぐ地球の空に、ノアの方舟が浮かぶというのです。ノアの方舟というのは旧約聖書に出てくる神話です。まさかそんな神話の舟が、この二十世紀の空に浮かぶ筈はありません。

その話をしたのは、ある女流の詩人です。その人はこう言いました、「間違いなく、ノアの方舟は浮かびます。それももうすぐです。ただ今度の方舟は、神を信じるノアが、神に選ばれて、生きのびるために、神の命で方舟を造って、空に浮かぶというわけではありません。今度は、この地球を滅ぼして、自分達だけ生きのびようとする、地球で一番悪い人達が、勝手に方舟を造って、この地球から脱出しようというのです」と。

私は驚いて、いったいそれはどういう事ですかと聞くと、この女流詩人の御主人は国際連合の職員で、過去数年間、一緒にニューヨークの国連本部に行っていたそうです。でその間、アメリカのペンタゴン、つまり国防総省の実情を肌で感じ取ってきたというわけです。で、それによると、アメリカを支配しているエリート達は、私達が思っているとは全く違った人種で、自分達以外の人間を人間とは思っていないというのです。つまり、自分達だけが選ばれた地上の選民であるような、特権意識をもっているというわけです。で、やがて核戦争は起こる。その時、地球は当分住めなくなるだろうから、自分達だけが生きのびるために、ノアの方舟、つまり空に浮かぶ人工衛星、宇宙植民地というのでしょうか、そういうものを造って、地球から脱出しようというのだそうです。

●私は吃驚して、「まさか」と言ったのですが、実際にアメリカの内部を見て来たその人が、自信をもってそう言うのですから、むげに否定するわけにはいきません。私はしばらくの間その事について考えていたのですが、やはり、それは間違いなさそうだという事に気付きました。

というのは、アメリカは十四年前に、アポロ11号で、人類史上初めて月に人間を着陸させました。その後研究を続け、一昨年にはスペースシャトル、コロンビア号が完成し、自由に地球と宇宙の間を行き来する大型バスが出現したわけです。他方スカイラブ計画等で、宇宙植民地の研究も進んでいまして、それによると、大体数年後には、地球から相当数の人を宇宙空間へ移民させられる、宇宙植民地が実現できそうな見通しになっているそうです。

なぜそういう物を造るのかというと、米ソの核戦争は全く起こらないとは保証できない、そうなったら地球は完全に破壊されるだろう。だから、アメリカを再建するためには、一部の指導者達を生き残らせておかねばならない。そういう考え方に基づいているようです。

そういえば、この宇宙植民地、つまり現代版ノアの方舟とは別に、もう一つ、一部指導者だけを生き残らせるための計画が進行しています。それは、一部指導者用の絶対安全確実な、巨大な核シェルターの建設です。アメリカは既に巨費を投じて、この準備が出来ているそうです。然し、それは何もアメリカだけでなく、ソ連でも、イギリスでも、恐らくフランスでも、核兵器を持っている国は皆そういう準備をしているそうです。

●何という非情な、非人間的な計画が、今地球上に進行しているではありませんか。核戦争は必ず起こるだろう。だから、一部エリートだけは確実に生き残らせておかねばならない。そして、その他の人々については何の保証もない。そういう異常な事態が今地球上で、現に進行しています。

私は、あの女流詩人の言葉を信じないわけにはいきません。恐らく、今世紀の間に、ノアの方舟は地球の空に浮かぶかもしれません。その時、その方舟に乗ることの出来ない四十億の人達は、恐らく見殺しになるわけです。

然も、今度の方舟は、神に選ばれた、地球で最も善良な人達が乗るわけではありません。

核戦争を起こして他の人類を見殺しにする、地球最悪の人達が、自分の手で方舟を造って、空に浮かぶわけです。人類史上、最も恐るべき事が、まもなく起ころうとしています。

吾々は、人間の名に於いて、これを許すわけにはいきません。然し、それは起こるかもしれないのです。もし、吾々が、戦争を止《や》めることが出来ないとすればです。吾々は戦争を止《や》める事が出来るでしょうか。

二、三発目の原爆は日本に落ちる

●私は、大変恐ろしい事ですが、核戦争は日本から起こるかもしれないと考えています。なぜかというと…………

実は、昨年の秋、私は宮崎県の都城市へ行きました。其処は私の故郷でして、久し振りに墓参に行ったわけです。その折、友人の中山正道という人を訪問しました。中山氏は都城市の文化賞を受賞した人で、その地方の文化の指導者です。よもやま話の末、私が中山氏に「どうでしょう、私がこの都城市で、不戦のための詩朗読会を開いたら、何人くらい集まりますか」ときくと、中山氏は「さあ、七〜八人でしょう」と言うのです。私は、まさかと思ったのですが、然しそういえば、この都城市は実にのんびりした町です。久し振りに私は帰ったわけですが、駅に着いた途端、何というか、妙にぬるま湯に入ったような気分になったわけです。然し、今ののんびりしているのはこの都城市ばかりではあるまい、私はその時思いました。東京とか大阪とか、文化や政治経済が激しく動いている処は別として、日本の大部分の地方は、このようにのんびりと、平和の夢にひたっているのではないか、実はそういう風に思ったわけです。

で、私が中山氏に「こういう処で、いくら戦争反対と叫んでも、ピンとこないでしょうね」と言うと、「まあ、そうでしょうね」と中山氏は言ったのですが、そのすぐ後から、「いや、私はそうは思いません。こういう処でこそ啓蒙の必要があるのではないでしょうか。実は、私は核戦争は日本から始まると思っています。それも、ある日突然です」そう言って私に「この本をご覧なさい」と言って、一冊の本を見せてくれました。それは森有正著の『思索と経験をめぐって』というエッセイ集です。その中にこういう事が書いてありました。日本に来ているある若いフランスの婦人が、森有正氏にこう言ったそうです。「日本を見ていると、三発目の原爆は、また日本に落ちるような気がする。これは自分だけでなく、日本に来ているフランス人なら大抵そう感じている」そういう事でした。

●森有正氏はその理由について何も書いていません。恐らくそのフランス人の女性も何も言わなかったのでしょう。然し、私にはその理由がハッキリ判るような気がしました。中山正道さんも何も言わなかったのですが、唯ポツリと次のような事を付け足しました。

「私は最近、高校の先生達と対談する機会をもったのですが、先生達が言うには、此の頃の生徒は少しも物を大切にしない。持物に何度言っても名前を書かない。だから落物をしても持主は分からない。何度声をからして落し主を探しても取りに来ない。また新しく買うわけです。親達も平気でそれを買い与えるわけです」と。

私は、そこに日本没落の原因があるような気がしました。日本は資源の全くない国です。その資源のない国の国民が、物をポンポンと平気で捨てるというのはどういう事でしょうか。日本人は、お金さえ出せば何でも買えると思っています。お金さえ出せば何をしてもよいと思っているようです。勿体ないとか、申し訳けないとか、そういう気持は失ってしまったようです。フランスはファッションの本場ですが、フランスの婦人達は決して流行を追いません。紳士の国イギリスでも、袖口のすり切れた服を着て、平気で歩いています。そういう人々から見ると、日本人は何か大切なものを失ったように見えるのではないでしょうか。つまりお金で買えないもの、勿体ないとか、申し訳けないとか、物や人を思いやる心です。

●私は先程、ノアの方舟に乗って、核戦争の仕掛人達が、自分達だけ逃げようとしていると非難しましたが、同じ意味で、私は日本人を非難したいと思います。

資源のない国日本は、その資源を、東南アジアとか、アフリカとか、中南米、中東、太平洋地域など、主として発展途上国から手に入れています。発展途上国には、いま五億の飢えのために死にかけている人がいます。十億の栄養失調の人々がいます。そういう国から手に入れたものを、いくらお金があるといっても、未だ使える物をポンポンと使い捨てるという感覚は一体どういうものでしょうか。神を怖れないというか、天地に恥じないというか、そういう点では、現代版ノアの方舟に乗って、自分達だけ安全に地球から脱出しようとする人々と、少しも違わないのではないでしょうか。

●以上私は、大変倫理的な、宗教的な意味から、日本を批判しました。そして恰かも天罰として、三発目の原爆が日本に落ちるのではないかと、そういう意味のことを申しました。

然し、私は何も天罰として落ちるというつもりはありません。実は、日本人の戦後の甚だしい精神の荒廃が、現実の問題として、三発目の原爆を、自分の手で自分の頭上にもってきていると、実はそういう事が言いたいのです。何故そういう事が言えるかというと、実はこうです。

三、神風は吹いていた

米ソ紛争突発で、いきなり核爆弾が日本に落ちる

●御承知のように、最近、青森県の三沢基地に、アメリカのF16戦闘爆撃機が配備されることになりました。

実は、一昨年のライシャワー発言以来、日本にあるアメリカ軍基地には、核兵器があるらしい事が分かっております。従って、万一米ソ間に紛争が起こったら、日本は、ソ連の核攻撃を受けるだろうということが、従来、指摘されていました。ところが、今回の三沢基地へのF16の配備は、この危険を決定的にしたということができます。

●F16は、核爆弾を積んで、ソ連の陸上基地を攻撃する事の出来る飛行機です。F16は今

まで、韓国の群山には配備されていました。だが其処からは、ウラジオストックやサハリンのソ連基地は遠すぎるのです。三沢からなら、これらソ連基地を攻撃して戻って来ることができます。だから、もし米ソ間に紛争が起こったら、それがかりに遠い中東方面での紛争でも、恐らく、三沢からF16は飛び立って、ソ連基地への核攻撃を仕掛けるでしょう。という事は、逆に、日本がソ連からの、核攻撃を受けるという事です。何故そういう事になるかというと、実は、ウラジオストックにあるソ連の太平洋艦隊は、太平洋・印度洋からスエズ運河までの防衛を担当しています。だから中東有事でも、すぐウラジオを出て、津軽・津島などの海峡を通り、出動しようとするわけです。三沢のF16とは、これを叩くために配備された飛行機です。

何という、日本にとって馬鹿な危険な事ではありませんか。紛争を起こすのはアメリカとソ連です。然も場所は遠い中東です。それなのに日本はその紛争に巻き込まれ、然も、ソ連の核攻撃の目標になるというのですから、わざわざ進んで外国の核戦争の火中に飛込むようなものです。誰にでも分かっているこんな馬鹿げた危険な事態が、いま日本に進行しています。

●なぜ日本の政府は、こうした馬鹿な事を進めるのでしょうか。それは、日米安保条約があるからです。安保条約はアメリカが日本に軍事基地を置き、これを自由に使えることを規定しています。何故、そういう取りきめになっているかというと、それは、日本がそもそも、アメリカの核の傘によって、自分の国の安全を守って貰おうとするその代償として、そういう事になっているわけです。然し、まあその核の傘のおかげで、日本は今日まで安全でくる事が出来ました。然し、今やその核の傘が、逆に、日本を関係のない米ソ核戦争に、引きずり込もうとしているわけです。

今にして、日本が目覚め、アメリカの核の傘から、独立する決断をしない限り、晩かれ早かれ、日本は核戦争に巻き込まれる事になるでしょう。

高度成長は、戦後日本のフヌケの成果

●私が先程、日本は戦後精神の荒廃のために、自分の手で自分の頭上に、核爆弾を持って来ているると言ったのは、実はこの事です。つまり、自分の国の安全を、外国の力に頼って守って貰おうとする安易な姿勢が、この危険を招いているわけです。

国の防衛を外国に依存するとは何たるフヌケでしょうか。然も、それが平和憲法とか平和主義の美名に隠れて、ヌケヌケとまかり通って来ているのです。そして、この国家総ぐ

るみのフヌケが、今や日本人の骨の髄までを腐らしてしまっております。

先程、フランスのある若い婦人が、三発目の原爆は日本に落ちると言ったという話をしましたが、あれは恐らく、ここのところを言っているのではないでしょうか。戦後、日本はアメリカの核の傘のおかげで、安全であり、防衛費を節約することが出来ました。その安全と財政のゆとりが、日本に世界史上類を見ない、経済の高度成長をもたらしました。そのいわば日本の高度成長とは、戦後日本のフヌケの成果であるという、おかしな事になっているわけです。だから、高度成長は日本人の骨の髄までも腐らしてしまいました。

たとえば中山正道さんが、最近の高校生は物を大切にしないと歎いている話をしましたが、あれはまさにこの事を示しています。お金さえ出せば何でも買える、お金さえ出せば何をしてもよい、お金や物に頼って、自分では何の始末もしない、何の努力もしない、そういう安易な他力依存性が、いま青少年の心の隅々まで犯しています。だから、頼るものが無くなると、直ぐカッとして暴力に走る、あの弱々しさと暴力主義、それは、戦後日本の他力依存と、それに乗っかった高度成長がもたらしたものではないでしょうか。

だから、吾々はＧＮＰ自由世界第二位などといって、手放しで喜ぶわけにいきません。それは、戦後の日本人の精神の頽廃をはやしたてている愚かな事です。そしてこの頽廃の原因こそ、戦後日本が、平和主義の美名に隠れて、国家総ぐるみでアメリカの核の傘に依存してきた、その対外依存性にあるわけです。

真理は一つ、それを未だ学んでいない日本人

●その点、私は中曾根首相を評価したいと思います。中曾根首相は、自分の国の安全を自分の手で守らない国民は、精神が駄目になると言っていますが、まさにその通りです。歴代首相の中で、唯一人、ハッキリこれを言った勇気をたたえたいと思います。

然し、私と中曾根首相とでは、根本的に違っている重要な一点があります。それは、中曾根首相は、国の防衛は軍事力で守ると言っていますが、愚かな事です、危険な事です。それは、過去の日本がやってみて、見事に失敗した前車の轍を踏む事です。

日本は世界のどこの国とも違った、きわだった特徴をもった国です。それは、資源が何もないということ、逆に技術力は世界一であるという事です。この正と負の二つの特色を生かして、日本が生きる道としては、軍事力は愚の愚です。今や、太平洋から、中東、アフリカにまで及ぶ広大な資源地帯を、中曾根首相の云うように、将来、対米依存から離れて、どうやって自前の軍事力で守ろうというのですか。まさか戦前のように、これを植民地化

するというのではないにしても、これをカバーするには、恐らく米ソに次ぐくらいの尨大な軍事力が必要となるでしょう。それは経済的に無理で、恐らく軍事国家への道を歩む事になります。かといって、現在のように、防衛の一部をアメリカに依存していては、さっき見た通り、米ソの核戦争に巻き込まれる恐れが出てきます。日本の生きる道とは、何でしょうか。

● 私はこの秋長崎へ行きました。そして、爆心地の傍にある原爆資料館を見学しました。悲惨な原爆資料が展示してある最後の所に、子供達の書いた詩や作文が展示されてありました。その中の一つにこういう詩がありました。

水ばく

佐藤貞子

どうして戦争をするのか
どうして水ばくをつくるのか
相手が作るからこちらも作らなければ

と　みんなが言う
そんなことをしたら　世界は
水爆でいっぱいになると思う
よくわからない

先生に聞いたら
じっと私の方を見て
だまって行かれてしまった

黙って通り過ぎるのは、この先生だけではないでしょう。いま、世界中の大人達が、これに答えられずに、黙って通り過ぎています。

ところが、資料館の一番最後の所に、あの「長崎の鐘」で有名な、永井隆博士の色紙が展示されていました。永井博士は、自分も白血病に倒れながら、最後まで原爆患者の治療に当った方です。こう書いてありました。

真理は一つ
世界は一つ
人間の腹の真中に
へそ一つ

まさに真理は一つです。その真理とは「世界は一つ」という事です。それは、人間の腹の真中に、へそが一つしかないのと同じ事です。日本が生きる道とは、この永井博士が書き残された、真理の道を歩くことの外にないと、その時私は思いました。

だが、その唯一の真理の道である「世界は一つ」とは、どういう事でしょうか。実は、その事について、吾々日本人はもう三十五年も前から、ハッキリ道を示されていました。それは、御承知の平和憲法です。

平和憲法とは、敗けて吹いた神風です

●中曾根首相は、あれはアメリカから押し付けられた「マック憲法」、つまりマッカーサー憲法だから、改憲せねばならぬと言っていますが、とんでもない事です。あれはアメリカ

から押し付けられたのでなく、実は、日本人が天から押し付けられた、天来の憲法です。

年配の方なら御承知のように、戦時中の日本には、神がかり的な学者がいて、日本は神国だから、神風が吹いて戦争は必ず勝つと言っていました。誰もまともにそんな事信じる者はいなかったのですが、でも心の隅では、そんな事でもなければ、勝てないのではないかと思っていました。然し、予言は見事にはずれ、日本は負けました。

然し、私に言わせれば、神風は吹いていたのです。但し、戦争に負けてしまってから吹いたのですが。それがつまり平和憲法です。
●あの憲法は、時の首相・幣原首相が、天皇制を残したい一念から、これと引き替えに、日本の戦争放棄・軍隊の廃棄をマッカーサーに提案したところ、マッカーサーがひどく感激して、涙を浮かべ幣原首相の手を両手で握って、これに同意したと聞いています。これがマッカーサー・ノートとなり、それが下敷きとなって日本国憲法が成立しました。
あれはマッカーサーが作った憲法ではありません。あれは、マッカーサーを通じて、日本人がうけとった天来の声です。でなくてどうして、あんなに純粋な理想の言葉が、マッカーサーの口を通じて出てくるでしょうか。永井隆博士が色紙に書いた「真理は一つ、世界は一つ」まさにその真理が、簡単に書き変えることの出来ない憲法となって書かれたのです。私にはどう考えても、奇蹟としか思えません。まさしく、神風は敗戦後の日本の焦土の上に吹いていたのです。あれは、戦後の日本人が生きる道を示したものであり、また、核戦争で、ノアの方舟が飛びそうな、二十世紀末の世界の空に、ひそかに浮かべられている、あれこそが、真実のノアの方舟ではないでしょうか。

改憲・改憲とは、頑迷な大人達の自殺〈合言葉〉

●それなのに中曾根首相は、あれはマッカーサー憲法だから改憲すると言います。何故、そう言うのでしょうか。それは、アメリカ製だからという訳ではありますまい。「国の防衛は軍事力でやる」、この愚かな頑固な考え方が、そう言わせているのでしょう。

実は、いま世界を冒している癌があります。それは中曾根首相の言葉です。また、先程の子供の詩に答えられなかった先生や、いや世界の大人達がもっている物の考え方です。つまり「国の安全は武力で守るのである」と、これです。何故、人々はそう考えるのでしょうか。それは、もし相手が自分にピストルを向けたら、こちらもピストルを持たなければ助からないと、そう考えるからでしょう。

だが、本当にそうでしょうか。私に言わせると、それは人類が五〇〇〇年の間そう思い込んできた間違いであり、迷信です。この誤解が、いま人類を核戦争の淵に追い込み、滅亡の断崖に立たせています。人類の愚かな笑うべき自殺です。

●いま、私は、中曾根首相や世界の大人達が、恰かも馬鹿であるような事を申しました。私のような一介の素浪人に言える言葉ではありません。然し、これを言っているのは私ではありません。それは、今度の大戦で死んだ三〇〇万の戦死者と、恐らく、この人類史上恨みをのんで死んだ何十億の戦死者達の声です。私は単にその声を伝えている者にすぎません。

彼等はこう言っています。「もしここで、人類がいのちの本当の意味を知ったなら、生き残れるだろう。然し、知る事が出来なければ、もうここでおしまいだ」と。何故、また、何を戦死者達は言いたいのでしょうか。私はここでしばらく、戦死者達に代って、彼等の言葉でお話ししたいと思います。

四、死者の知恵

いのちは一つ、壊すも救うも同じ事

●戦死者達はこう言っています………

生きている者は、命の価値を知らない。なぜ知らないかというと、それは生きているからである。生きて命をもっているからである。それは恰度、お金を沢山もっている人が、お金の価値が分からず、全財産を失って、初めてそれが分かるのと同じ事である。だから、命の本当の意味を知っているのは、吾々戦死者だけである。

だから、生きている者達は、命を一つ二つと数で数える。あれは石ころや、お金や、牛や豚を数えるやり方だ。だから、生きている連中はすぐ戦争をする。たとえば、今度の大戦で三〇〇万人死んでも、まだ一億人生きていると思い、世界中で三〇〇〇万人も死んだのに、未だ四〇億人も残っているではないかと考える。だから、平気で人を殺し、平気で戦争をする。

吾々戦死者の目から見ると、あれは命の意味の勘違いから起こる、生きている連中の哀

れな自殺行為だ。だからこのままなら、みすみす人類は遠からず自滅する。早く、いのちの本当の意味を悟らなければ駄目だ。それには、吾々の戦死者の云う、いのちの意味に耳を傾けねばならない。

●いのちというものは、一つ二つと数で数えられるものではない。それは、死んでみて初めて分かる。なぜかというと、死ねばいのちが無くなる、それは当り前の事だ。だが、それと一緒に、世界が消える。これが、いのちの意味だ。誰が死んでも世界が消える。一つと数えたら、何も残らない世界が消える。だから、誰の命も等しい。一つ、それで全世界だ。此の世には一つだけの命しかない。どう数えても、誰が数えても、一つ、ただそれだけの世界をもつ命が、皆の中にあるだけだ。

君達が命を一つ二つと数えるのは、自分が生きて命をもっていて、他人《ひと》の命だけを数えるからだ。死んだ者は自分の命を数える。自分で自分の命を数えたら、一つですべて、それが全世界だ。

もし、命をはかる秤があるとしたら、それは宇宙という錘りだけだ。そしてその量り方は、「**自分で自分の命を数える**」これ一つだ。もし人類が、この量り方を覚えたら、その日から戦争は無くなる。それまで、絶対に平和は来ない。

だから、こう言うことが出来る。

「一つの命を殺す事は、全世界を壊すことである」同じように、**「一つの命を救う事は、全世界を救うことである」**これが命の原理である。

核抑止力の迷妄から目覚めよ

●次に戦死者達は、こういう事も言っています。………いま人間達は、核兵器に抑止力があるなどと言っているが、そんなものは初めからある筈はない。なぜかというと、人類が五〇〇〇年前に青銅器を発明して、人を殺すために一振りの青銅の剣を作った時、人類は既に核兵器のボタンを押したのである。なぜそんなことが云えるかというと、その青銅の剣に勝つために、相手は、三五〇〇年前に鉄の剣を作った。その相手は更に、この鉄の剣に勝つために、五〇〇年前に鉄砲と大砲を作った。そうしてとうとう、アメリカとソ連はすべてのものに勝つために核兵器を作った。だから、核兵器を作ったのは、そもそも五〇〇〇年前の一振りの青銅器の剣だったのだ。同じように、一振りの青銅の剣が一人の人を殺した時、だから、核ボタンは押されていたのだ。これが命の原理からみた、核兵器は抑止力をもたないという理屈である。

●だが、原理というものは狂いがない。必ず時間の流れの中で現実となる。いま丁度、五〇〇〇年前に押された核ボタンが炸裂する時に来ている。もう、さけようがない。だから、ノアの方舟に乗って、地球から逃げ出すしか方法はない。だが、乗れるのは一握りのエリートだけだ。もし、他に一つだけ逃れる方法があるとすれば、それは、五〇〇〇年前に押された核ボタンが、故障していたことを確証する事だけだ。その方法は、命の原理からいうとこうなる。

「一つの命を殺す事は、全世界を壊すことである」これを裏返して、**「一つの命を救う事は、全世界を救うことである」**、この原理を人類が今すぐ実行することである。人間が命の意味について、思い違いをしていなかったことを、ノアの方舟が飛ぶ前に、方舟に乗って逃げようとする者の目にも、ハッキリ分かるように見せてやることである。

戦死者達は以上のように語って、私に、早く人類が決断するように促せと言って、口を閉じました。

五、アインシュタインの絶望

科学への絶望？……それはいのちへの誤算だった

●以上、私はいささかしかつめらしい話をしました。然し、これが真実であることは、一つの歴史的事実が裏付けております。では次に、その事について触れてみたいと思います。

御承知のように、最初に原爆の開発を、アメリカのルーズベルト大統領に進言したのは、あの有名な科学者アインシュタイン博士でした。それは第二次大戦が始まる直前、一九三九年八月のことです。その進言がマンハッタン計画となり、ついに一九四五年終戦の年の七月十六日、アメリカのニューメキシコ州のロスアラモスで、世界最初の原爆の実験が行われました。

なぜ、アインシュタイン博士が、原爆開発を進言したかというと、若しアメリカが開発しなければ、ナチス・ドイツが先に開発して、アメリカに原爆を落すことになると考えたからです。実際、ナチスの原爆研究は進んでいて、その恐れが多分にありました。それにもう一つ理由があります。アインシュタインは独逸生まれのユダヤ人で、当時、ナチスのユダヤ人迫害に反対してアメリカに帰化していました。ですから、当然ナチスに対して、特に強い怒りをもっていた筈です。従って、ナチスへの怒りと、このナチスの暴虐からアメリカと、人類と、それに自分達ユダヤ人を救いたい、そういう動機から、原爆の開発を進言したと思われます。

●然し、ロスアラモスで最初の原爆の実験が成功した時、ナチス・独逸は、既にその二ケ月前に降伏しておりました。またルーズベルトも既にその頃病没していました。

然し、アメリカは、その原爆の第一発を広島に落し、第二発目を長崎に落しました。

広島に原爆が落されたその日、アインシュタインはプリンストンの自分の研究所で研究していました。そこへ一人の将軍が駆け込みこう伝えました。「博士、いま広島に原爆が投下されました。広島は全滅です」。それを聞くと、アインシュタインは「Oh, weh!」（ああ、哀しい）と言ったきり、頭をかかえこんでしまいました。やがてしばらくたって、ポツリと一言こう洩らしました「昔の中国人は正しかった。人間は結局何もなし得ないのだ」と。この中国人とは老子のことでしょう。老子は無為自然を唱え、人間の作った文化や学問は、すべてこざかしい悪知恵だと言って否定していました。それっきり、アインシュタインは科学の研究を止めてしまい、以後は平和運動に没頭するようになりました。

●たとえば、翌年、世界連邦の建設を主張したり、一九五五年にはラッセル・アインシュタイン宣言を発して、核廃絶と軍縮を訴え、世界の平和運動に大きな影響を与えました。そのアインシュタインが、亡くなる一年前の一九五四年に、ある雑誌社のインタビューに答えてこう言っています。「博士、今度生まれ変わったら、何になりたいと思いますか」。アインシュタインはこう答えました。「もし生まれ変わったら、二度と科学者にはなりたくない。行商人か、ブリキ職人になりたい」と。

吾々はここにアインシュタインの絶望の声を聞くことが出来ます。アインシュタインは科学に絶望していました。そしてもう一つ、もう一つ何かに絶望していました。それは何でしょうか。…………それは「Oh, weh!」(ああ、哀しい)………あの絶望の叫びの中に秘められています。アメリカと自分達ユダヤ人を救うために開発した筈の原爆が、今かかわりのない広島の人達を殺してしまった。それだけでなく、やがて原爆は全世界を滅ぼしてしまうだろう。その時、アインシュタインの頭には、ふとその思いが閃いたに違いありません。「Oh, weh!」それは、「自分達のために、人の命を殺す事は、全世界を壊すことである」。この生命の原理に初めて思い至った時の、アインシュタインの悲鳴であったと思われます。

アインシュタインにとり、原爆開発の進言は、明らかに人間としての過ちでした。然し、その外にどういう道があったでしょうか。若しアインシュタインが進言しなければ、ナチスの方が先に開発しそうな状況にあったのですから。ここから、アインシュタインの科学に対するやりきれない絶望が出てきます。人を殺し、世界を壊す武器を作る、科学というものに対してです。

●科学はなぜ原爆を作るのでしょうか………。人々はこう言います。それは人の心掛けが悪いのだ。科学を悪用するからいけないのだと。本当にそうでしょうか。アインシュタインもそうは言っています。然し、アインシュタインは更に、科学そのものがいけないのだと考えていたフシがあります。でなくてどうして、科学の研究をプツリと止めてしまったのでしょうか。ラッセル・アインシュタイン宣言に署名した十一名の中、ラッセルを除く十名は、当時世界第一級の科学者ばかりでした。その中には日本の湯川秀樹博士も含まれています。然し、その中で、科学の研究を放棄したのはアインシュタイン一人でした。博士がいかに科学に問題を感じていたかが分かります。

そのアインシュタインが、こういう意味のことを言っています。(科学の知識は、現実の問題については役に立つ。だが、究極の事については全く無力である)と。そうして、科学と竝んで宗教の必要性を強調しています。ということは、科学は、宗教なしでは一人歩き出来ない、またさせてはいけない危険なもの、あるいは未成熟な子供のようなものだと、言っているのではないでしょうか。然し私に言わせると、科学はそんな生優しいものではありません。宗教と仲良く手をつないで歩く宗教の友人ではありません。でなくて、どうして原爆など作るでしょうか。科学とは、実に、宗教を無視して、世界を暴走する世界の暴君です。

●いったい、科学はなぜ原爆を作るのでしょうか。その回答は、いのちの原理からすれば極めて簡単です。科学は、いのちを一つ二つと数で数えるからです。だから原爆を作るのです。たとえば、この部屋に一〇〇人居るとします。すると科学は、一〇〇個の命があると数えます。つまり吾々の常識と同じ命の見方をするわけです。だから、自分一人を守るためには、残りの九十九人を殺せばよいと考えます。また、この一〇〇人を守るためには、外から攻めて来る一万人を殺せばよいと考えます。だから武器を作り、果ては原爆を作ります。

然し、命の原理からすれば「いのちは一つで総て」です。「一つの命を殺す事は、全世界を壊すこと」です。だから、自分一人を守るために作った武器は、やがて全世界を壊します。つまり、アインシュタインの犯した過ちを犯すことになります。即ち、アメリカと自分達ユダヤ人を救うために作った筈の原爆が、広島とやがて全世界を壊す事になるわけです。

科学を超えて在るもの、それをとらえた詩人の目

●では、科学はなぜ命を一つ二つと数で数えるのでしょうか………。それは、科学の目が節穴だからです。命をとらえる目を持たず、その目からいつも命の意味がこぼれてしまうからです。

だが、果して、科学の目は節穴でしょうか。………その根拠は、科学は一枚の木の葉が、此の地上の何処に落ちるかを、正確に言い当てる事が出来ません。それは私がそう言っているのでなく、科学自身が、自分でそう告白しております。これをハイゼンベルクの〈不確定性原理〉と呼ぶのだそうです。それによると、物質の根源は電子である。然し、科学は永久に、この電子の運動を正確に測定できない。そういう事だそうです。

ですから、電子の固まりである一枚の木の葉が何処に舞い落ちるかは、科学では永久に分からないという事です。木の葉は毎日、何千何万何億となく地球上に舞い落ちています。

然し、科学はどの一枚についても、その行方を永久に知ることが出来ません。それだけでなく、沢山の虫、沢山の動物達、そして四十億のこの我々人間、毎日生まれ変わり、生きついでいる地上のすべての生き物の運命を、科学は永久に知る事が出来ないと告白しています。

即ち、科学には命の事は殆んど何も分かっていないのです。それなのに、科学は何でも分かっている顔をして、命を一つ二つと数えて、果ては原爆を作ります。何故でしょうか。それは、科学が半面では、生活に便利なもの、生活を豊かにする物を、どんどん作り出すから、吾々が勝手に、科学は素晴らしいもの、科学は何でも知っていると、過信しているからではないでしょうか。

科学（近代科学）にとって、本当は何も分かっていません。また永久に分かりません。科学はこう告白しています「物質の究極は何であるか分からない」と。この立場からすると、この物質の世界は、映画のスクリーンに映し出された影のようなものかも分かりません。その源に、フィルムに当たる何かもっと確かなものがあると想定できます。それがあるいは命というものかも分かりません。

●その点、科学よりもっと確かに、その命をとらえる視力をもった目を、私は知っていま

す。それは詩人の目です。二十世紀最大の詩人といわれるリルケの詩に〈秋〉という作品があります

葉が落ちる　葉が落ちる
遠くからのように落ちる
大空の園が枯れてしまったように
ものを否定する身振りで落ちる
重い土も　夜々をこめ
星の中から　寂寥へ落ちる
この手も落ちる　あらゆるものが落ちる
見よ　すべてのものの中に落下がある

然し　ただひとつ　これらの落下を
限りなく優しく受けとめている
一本の手がある

リルケの目は、落ちる木の葉の運命を、的確にとらえています。どの一枚の木の葉ものがさず、すべての木の葉が落ちて行く場所をハッキリ見ています。すべての木の葉は唯一つの運命をもっています。そして落ちる場所は唯一つ、いわば神の掌です。その掌の上で、どの木の葉も恐らく永遠のいのちをもつと思われます。

いのちの原理からすると、「**いのちは一つで総て、総てが同じ一つの命**」です。リルケの目は、まさにそのような命を見てとっているわけです。

〈いのちは一つ〉の結論

●このような目からは、一つの命を殺す事は、すべての命を殺す事になります。反対に、一つの命を生かす事は、すべての命を生かす事になります。だから、一つの命を殺す武器を持つ事は世界を滅ぼす絶対悪です。原爆に限らず、どの一つの武器も全世界を滅ぼす絶対悪です。戦争は勿論、人間達が演じている愚かな集合武器による死の演舞です。それは世界を壊し、果ては自己を滅ぼす愚かな人間の絶対悪です。

吾々は、命を一つ二つと数える常識を捨て、科学の過信から目覚めて、「**いのちは一つ**

で総て、地球より重い、全世界である」、この命の原理を、もうこのあたりで、学びとらねばならぬのではないでしょうか。自称エリート達のノアの方舟が地球の空に浮かぶ前に、「一つの命を救う事が、全世界を救う事である」、この命の原理の実行に、とりかからねばならないのではないでしょうか。

（了）

第三話　人間よ、平和の種子に変わろう
――不戦と非武装の種子に

不戦のための詩朗読と講演会・記録
１９８３・８・１４（横浜）横浜市健康福祉総合センター

一、いま平和問題に無関心な親は子供殺しの罪を犯すことになる

●「昴《スバル》」という雑誌があります。その七月号に世界の主要作家に対するアンケートが載っていました。テーマは「核状況下に於ける文学者の態度」という事です。三十一人の人が回答を寄せていました。その中に、オーストラリアのノーベル賞作家でパトリック・ホワイトという人が、次のように言っていました。

「核戦争は必ず起こる」。何処から起こるかというと、「外国に軍事基地を許している国から」。そしてこう言っています「ある超大国が、守ってやるという口実で、他の国の中に基地を置けば、必ず別の超大国の攻撃目標となり、その基地は核攻撃をうける。被害は全国土に及び、壊滅し、汚染される。然も核戦争で犠牲となるのは一般の民間人である」と。これは何と、アメリカに基地を貸している日本の事を言っているようではありませんか。

パトリック・ホワイトはまたこう言っています、「故に、今必要なのは、戦争という人類の悪習を地上から根絶することである」。単なる核廃絶でなく、戦争そのものの根絶である、つまり戦争を廃絶するという人間の精神革命であると。

ホワイトはこう続けています。「然るに、余りに無関心者が多い」。無関心の因は「将来の見通しが余り慄然たるものなので、先の事は何も考えないようにしている」こういう人が多いようですと。そしてある人はこううそぶいている「いっそ、一思いに、核で全滅というのも悪くないよ」と。ある人はこうつぶやく「私達に残されているのは家庭生活だけだ。せめて、せっせと子供を作って、彼等に囲まれて楽しく暮そうじゃないか」と。

ホワイトは、これにこのような感想を述べています「この事なかれ主義の親達が、死に瀕した地球に産みおとした子供達のことを思うと、そぞろ心の痛みを禁じ得ない」と。私もまことに同感に耐えません。

●今、日本を見渡しても、そういう無関心者が何と多い事でしょうか。彼等は核の恐ろしさを知らないのです。いや、知らないのではなくて、広島や長崎の事はいろいろ耳にしている筈です。然し、私に言わせると、やはり核の本当の恐ろしさを知らないのです。

核爆発時の核弾頭の温度は、摂氏一〇〇〇万度と云われます。それは太陽表面の温度と同じです。それは今まで地上で知られている最高の火、高性能火薬トリニトロトルエンの最高温度が五〇〇〇度ですから、その実に二〇〇〇倍の温度です。ですから、核爆弾の投下とは、太陽が地上数百メートルまで近づくことです。だから「皆一緒に死ぬからいい」と云っている人は、みすみす太陽が地上数百メートルまで近づくのを傍観することです。それは、いわば自分の子供を自分の手で、太陽数百メートルまで持ち上げて焼き殺すのと違わないのではないでしょうか。それだけでなく、核は放射能を出し、細胞を破壊し、遺伝子を狂わせます。かりに生き残っても、原爆病で一生苦しみ、そして子孫達は身体の異常者か、見る目も気の毒な人ばかりです。そんな事が親として、人間として見過ごしておれるでしょうか。もし出来るとすれば、それはもう親でもない、人間でもない、もはや悪魔、地獄の使徒としか言いようがありません。

核兵器とは、人間が地上に創り出した悪魔の火、地獄の火です。これを傍観する人も、私に云わせると、悪魔か地獄の使者です。いま地上には、これを傍観する親達、若者達が余りに多すぎます。この太平に酔いしれた世界とは、実は悪魔の住家、あるいは地獄そのものではないでしょうか。

だが、その傍観は、単に不人情のためだけではないようです。絶望なのです。たとえば、いくら反核・軍縮と叫んでも、米ソは核軍拡競争を止めない。日本の軍拡反対を叫んでも、政府は勝手にどんどん軍拡路線を進めていってしまう、この絶望です。

然し、その絶望は間違っています。今は、人類史上唯一度の、最大の平和のチャンスの時代です。何故でしょうか……。仏教では、「地獄の隣りは極楽」と言います。すると、今は地獄の季節ですから、今は極楽のすぐ隣りの季節という事です。つまり、仏教では、凡夫は六道を転廻すると云います。六道とは、一番下が地獄、その上が餓鬼道、その上が畜生道、そして修羅道、人間道、天上道と、六つの世界をぐるぐる経めぐって迷い続けると云います。すると、地獄の上は餓鬼道ですから、地獄の隣りは餓鬼道かというと、そうではないと云うのです。地獄の隣りは極楽であると、地獄と極楽は紙一重であると、こう云うのです。何故でしょうか。

真実は、死と隣り合って極楽がある

●実はこういう事です。日本は死刑制度の国ですが、この死刑制度に最も強く反対しているのは、死刑囚に接する看守と死刑執行官だと聞いています。何故かというと、まあ自分の手で人を殺すのは嫌だという事もあるでしょうが、そうではなく……実は、死刑囚が死刑の宣告を受けると、暴れて、わめいて、騒いで、初めは手がつけられないそうです。だが、だんだん静かになり、しまいには自分の身体に止まる一匹の蚊や蝿も殺さなくなるそうです。土の上を這う一匹の虫や蟻も殺さなくなるそうです。あの極悪の死刑囚が仏様に変わったわけです。そして最後に死ぬ時には、看守や死刑執行官に、有難うとお礼を言って死ぬそうです。死刑囚はすべてこの通りだそうです。だから、死刑執行官も看守も、死刑制度に強く反対しているわけです。吾々は、この死刑囚の話の中に、まさしく地獄は極楽の隣りにある事実を知る事ができます。

死刑の宣告は死刑囚にとり地獄です。刑務所の高い塀は、その地獄から逃れられない絶体絶命の地獄の責苦です。然し、死刑囚はこの地獄の中から、仏様となって生まれ変わったのです。あの最も極悪と考えられている死刑囚がです。地獄と極楽はまさしく紙一重です。いや、単に一枚の紙の裏と表にすぎません。吾々が地獄と思っているものこそ、実は、極楽であるらしいのです。

●吾々はまたここに、平和問題の原理を見てとることができます。死刑執行官はなぜ死刑制度の廃止を求めたのでしょうか。死刑制度の廃止とは暴力の否定です。その原因は、死刑囚が一匹の虫も殺さなくなったこと、つまり死刑囚の暴力否定です。即ち、こちらが（死刑囚が）先ず暴力を否定すると、相手も（死刑執行官も）暴力を否定する、ここに平和の第一の原理があります。だが現実の娑婆の世界では、こちらが武器を捨てたからといって、相手も捨てるとは限りません。逆に向かってくる危険があります。だから誰でも先に武器を捨てられないのです。だが、死刑執行官は武器を捨てると言いました。何故でしょう……。それは死刑囚の人間性に感動したからです。死刑囚が一匹の虫も殺さなくなったのは、暴力の否定ですが、それは単に武器を手から捨てたのではありません。一匹の虫、一匹の蟻へのいのちへの愛、この愛のために手から武器を捨てたのです。死刑執行官は、それを見て感動して、自分も武器を捨てる気になったのです。相手が武器を捨てる原点は、こちらのいのちへの愛、仏心《ホトケゴコロ》への人間の変化、ここにあります。これが平和のより深い原理です。

だが、なぜ死刑囚は、仏心へ転換できたのでしょう。それは地獄の苦しみです。地獄の死の恐怖が彼に生命の価値を教えました。自分のいのちも、相手のいのちも、虫のいのちも、同じ一つのかけがえのないものである価値を彼は初めて知ったのです。平和の一番深い原理は、すべてのいのちが一つである価値を知ることです。それがすべてへの愛となって人間の変化を起こします。愛によって自分が武器を捨てる時、相手は必ず、間違いなく、感動によって武器を捨てます。それがお互い人間である証拠です。そして、この外に人間同士が武器を捨ててしまう方法はどこにもありません。そうして、吾々が最も知らねばならない事は、この人間の変革は地獄の中においてのみ行われるという事です。地獄はまさしく極楽の隣です。そして平和は、この地獄にしんじつに住んだ者のみが手にするという事です。今は地獄の季節です。という事は、最大の平和へのチャンスの季節です。そして何よりも、吾々日本人が思ってみるべき事は、日本は世界で最も地獄の中にあるという事です。

あれやこれや、米ソ核戦略の標的となる日本

●八月に、アメリカの戦艦ニュージャージーが日本に寄港する予定だったのが、変更されてホッとした向きも多いと思います。あれはなぜ皆が寄港に反対したかというと、ニュージャージーには、巡航ミサイル・トマホークが積載されているからです。巡航ミサイル・トマホークとは、核弾頭を発射することの出来るミサイルです。だから、日本の非核三原則に触れる恐れがあるだけでなく、そんな核ミサイルの軍艦が日本へ来たら、ソ連の核攻撃の的《マト》となる危険が出てくるからです。

だが、寄港撤回でホッとするわけにはいきません。来年以降には来るだろうと、防衛庁では言っています。それに、日本の周辺に今後来るアメリカの軍艦は、続々と巡航ミサイル・トマホークを積んだ軍艦ばかりになりそうです。それはどういう事かというと、アメ

リカは目下五ヶ年計画で一四六隻の巡洋艦・駆逐艦・潜水艦にトマホークをとり付けつつあります。やがてはアメリカの全艦艇は、トマホークをもつ事になるのだそうです。そしてその重点的配備先は太平洋、特にこの日本周辺らしいのです。だからニュージャージー寄港撤回くらいでホッとするわけにいきません。最も危険な状況が日本周辺に起ころうとしています。だが、何故アメリカは、日本の周辺にそんな危険な物を持って来るのでしょうか。その目的は、ソ連の核ミサイルSS20への対抗策です。御承知のように、ソ連のSS20は現在最も恐れられている中距離核ミサイルです。それがヨーロッパに二五〇基配備されたことで、一昨年以来ヨーロッパは大騒ぎになっています。アメリカはこれに対抗するため、パーシングⅡと巡航ミサイルを西欧に配備する事にしました。そのため核戦争の危機が迫ったとして脅えた市民達が、烈しい反核運動を展開しています。目下INF、つまりこれら中距離核戦力の削減交渉が米ソ間で行われていますが、仲々うまくいきそうにありません。

●なぜ、SS20はそんなに恐れられるのでしょうか。SS20は、一基のミサイルが三発づつの核弾頭をもち、一発で広島型原爆十発分の威力があり、命中精度も良い。然も困ったことに、トレーラーで自由に移動できるので、これをとらえて破壊することが困難なのです。そのＳＳ20がいま極東に百基以上配備されています。ところが、極東にはこのＳＳ20に対抗する手段が何もないのです。いわば極東はＳＳ20に対して丸裸です。だから、アメリカは巡航ミサイル・トマホークを、集中的に極東に配備しようとしているのです。ところが、このトマホークは、実にＳＳ20よりもっと恐ろしい、つまりもっと強力な中距離核なのです。とにかくレーダーにかからない、いわば見えないミサイルです。然も命中精度は正確無比、その上潜水艦から、つまり水中から発射できるのです。いわゆる水中の移動核基地です。だからソ連にとっては、どうにも手におえない、防ぎようのない恐ろしいミサイルです。

●そんなにトマホークが秀れているなら、却って日本の安全のためには、大きなプラスではないか、こういう声が出てくるでしょう。が、とんでもない、トマホークはアメリカが極東で、ソ連と核戦争をやるために配備するミサイルです。一体それはどういう事でしょうか。

これはアメリカの核戦略の変化によってそうなったのです。従来、核戦争は報復戦略といって、つまりＩＣＢＭ長距離ミサイルを、米ソ双方が本国へ向けて撃ち合うやり方です。それは命中精度が悪いので都市へ向けて盲うちするわけです。これでは双方被害が大きいのでうっかり核戦争は出来ない。だから核兵器には戦争を抑止する力があると言われたのです。ところが、科学技術の進歩で命中精度が飛躍的に向上し、軍事目標だけを狙って核攻撃が出来るようになったのです。すると、米ソは本国を戦場とすることなく、外地で核戦争をやり、核で勝負をきめることが可能となったのです。これが限定核戦争です。目下その戦場として、中東、ヨーロッパ、極東の三つが考えられています。然し、中東は石油産地だから、これを破壊しては米ソ双方にとって損、ヨーロッパは多くの国があって複雑でうるさいのでやりにくい。その点極東は、特に日本の周辺は海ばかりで当りさわりないから一番やり易い。限定核戦場として一番狙われているのは極東です。然も、トマホークは軍艦や潜水艦から発射するので、海に囲まれた極東での核戦争に最適のミサイルです。

それにもう一つの戦略があります。同時多発戦略です。それは、一ヶ所で紛争が起こると、すぐ各地で同時に戦争を起こす戦略です。これはソ連の軍事能力の増大と共に、アメリカが採用した新しい戦略です。

ですからこういう事になります。いま一番紛争の起こりそうな危険な場所は中東、そして一番限定核戦争のやり易い場所は極東。ですから、若し中東で紛争が起こったら、直ちにアメリカ太平洋艦隊に戦争突入の命令が下る。艦隊は三海峡を封鎖すると共に、日本近海からトマホークでソ連の陸上基地を攻撃、勿論これに対抗して、ソ連は在日米軍基地を核攻撃する。恐らく、日本列島は数発のＳＳ20で壊滅するでしょう。

核戦争は或る日突然起こり、一日で終わります。吾々が中東の紛争を遠い対岸の火事のように思っている或る日、吾々日本人がいつものように飲み、食らい、恋愛をし、結婚式を挙げている時、子供達が塾へ行き、母親が子供に塾へ行きなさいと叱っている時、若者達が暴走族で街を走り廻り、竹の子族が原宿や代々木で踊り狂っているその時、核戦争は突如始まり、シベリアのチタからは十数分、ウラジオストックからなら僅か四分で、ＳＳ20は日本へ届きます。

このとき、癌細胞の働きをする日米安保

●然も、まことに馬鹿らしい事ですが、日本とは何のかかわりもない米ソの中東紛争で日本は滅びるのです。なぜそうかというと、それは日米安保条約があるからです。日米安保の性格は軍事同盟です。だからアメリカのやる戦争に巻き込まれる仕掛けになっています。また、安保条約でアメリカに基地を提供しています、だから当然ソ連の核攻撃を日本は受けます。

だから日本の安全のためには、先ず第一に安保条約を廃棄せねばなりません。だが、安保を廃棄して果たして日本は安全でしょうか。若し安保を廃棄したら核の傘が無くなります。それに日本の自衛隊はひ弱ですから、近隣の国に脅やかされ、ソ連の侵攻には二・三日ももちません。だから、単に「安保反対・安保反対」と叫ぶ事は、逆に日本を危険におとし入れる事になります。だが、安保は絶対に廃棄せねばなりません。どうしたらよいでしょう。

●そこで先程の死刑囚の話を思い出して下さい…………。安保条約の安全な廃棄には、その前提となる条件が一つあります。………死刑執行官がなぜ死刑制度の廃止を、即ち暴力の否定を、誰よりも強く求めるかを考えて下さい。それは死刑囚の人間変革です。その愛の心に、強く心をひかれたからです。人間の集団である国家の原理も、要するところ同じです。日本人が人間変革を遂げ、いのちの愛をもって、政治・経済・外交・文化・教育の原理とする時、相手は武器を捨てます。

だが、そんな人間変革が可能だろうか。吾々はすぐ現実を見て物を断定したがります。然し、その変革は可能なのです。何故か？　日本が今地獄にあるからです。特に世界の中で最低の地獄にあるからです。もし、子をもつ親、これから結婚をする若者達が、本当にその子を愛するなら、決して一〇〇〇万度の太陽の熱へ、自分の手で、自分の子等を持ち上げて焼き殺す罪を犯したくないなら、その地獄の中から這い上らねばなりません。極悪と思われる死刑囚に出来たことが、何故吾々に出来ないのでしょうか。核兵器の出現は世界の地獄です。日米安保条約は核戦争から逃れられない刑務所の高い塀です。吾々日本人はまさに死刑宣告をうけた死刑囚です。ということは、今、日本が世界に先がけて人間の意識革命を遂げる絶好の、最高の、唯一度のチャンスにあるということです。

二、「反核・軍縮」平和運動はなぜ不毛か

● 戦後三十八年、人類史上これほど軍縮・平和運動の盛んな時代はありません。国連は二度まで軍縮特別総会をもちました。米ソは何度も核制限交渉をしています。有識者も一九五五年のラッセル・アインシュタイン宣言以来立ち上がっています。また、市民の草の根運動は、今や地球の表面の大部分に拡っています。

然し、軍縮は全くなされませんでした。逆に、米ソの核軍拡競争をはじめ、軍拡の波は

第三世界の国国にも及び、今や武器輸出は貿易の目玉商品となっています。

なぜ戦後、平和運動が盛んになったのかというと、それは勿論、核兵器という恐るべき殺人兵器の出現によります。然し、軍縮はなぜ全く行われなかったのでしょう。それについて吾々は未だ明確な根拠をもっておりません。ある人は運動の盛り上がり方が未だ不足しているのだと言います。ある人は、アメリカが悪いのだ、いやソ連が悪いのだと言います。そうでしょうか。その一つ一つが当たっていない事はありません。然し私に言わせると、反核・軍縮平和運動の不毛性は吾々じしんの中にあります。

●昨年度日本の世論調査によりますと、「戦争はどんな理由があっても反対」という人が約84%（明石市の小中学校教師と父母、及び中学生）。また「自衛隊は必要」と考える人78%（NHK世論調査）（もっと増強19%、現状肯定59%）。つまり、戦争は絶対イヤだが、国を守るにはやはり軍隊が必要と思っている人が、国民の約80%を占める、これがまあ国民の平均的な状況でしょう。ということは、反核・軍縮を支持している人の大部分もこういう人々、つまり「戦争は絶対イヤ、だが軍隊は必要」ということです。

私はここに平和運動の不毛性の根源を見ます。これは全く矛盾した、あるいは虫のいい考え方です。この矛盾と虫のよさ、そこに不毛性の原因があります。つまり、軍隊即ち武器とは人を殺す道具です。人を殺す道具をもつ、軍隊をもつという事は、万一の時は、この道具で人を殺す戦争をして自分の安全を守るという事です。人はこれを自衛と呼び、当然の事と考えています。然しそれは大きな矛盾です。

戦争がイヤなら、なぜ人を殺す武器を持つのですか。人を殺す武器をもつ、軍隊をもつという事は、戦争をするという事、戦争をするために持つということです。人はそれを万一の時とか、自衛のためとか言ってごまかしますが、結局人を殺すために、人を殺す武器を持っているわけです。戦争が嫌なら武器を一切捨てねばなりません。武器を持つなら、戦争を覚悟しなければなりません。結局、口では戦争はイヤと言いながら、片手で戦争の準備をしているわけです。こんな虫のいい矛盾した考え方はありません。

●だから、政府はそこのところをよく知っているから、うまく手玉に乗せて、軍拡路線を進めていきます。北海道へのソ連侵攻とか、シーレーン防衛とか、アメリカとの経済摩擦とか、いろいろ危機感をあおりたてて、結局この程度の軍事費の突出は止むなしということで、軍拡を国民に承諾させます。国民も国の安全のためならこの程度は止むを得ないということで納得します。この積み重なりが軍拡です。危機感であおり、その不安感で安全のために軍隊を増強する、これが政府の軍拡の常套手段です。もし、いつかもっと大きな危機感であおられたら、憲法改正でも、徴兵制でも、核兵器の保有でも、戦争でもやるでしょう。

若し、国民がこの時「イヤ、国の安全は武力では守れない」とハッキリ知っていたら、これらの軍拡の要求には一切応じないでしょう。政府の軍拡の常套手段はすべて破産します。だから「国の安全は武力では守れない」、この認識こそ、軍縮、平和運動のキーポイントです。

とはいうものの、今日では多くの人が「国の安全は武力では守れそうにない」とウスウスは感じています。然しそれにも拘らず、やはり「国の安全は結局、軍隊で守る」と考えてしまいます。なぜでしょうか………。それは、軍隊に代って、国の安全を確実に守ってくれるものがハッキリしていないからです。もしここに、軍事力ではなくて、もっと確実に自分と家族と国の安全を守ってくれるものがあったら、誰が好んで、軍隊を、武器を、まして核兵器などをもち出すでしょうか。

だからといって民衆の無知を責めるわけにはいきません。今この事を知らないのは、民衆だけでなく、いわゆる有識者といわれる人も、余りハッキリ判っていないようです。即ち「軍事力に代って、確実に自己と国の安全を守ってくれるもの」、これこそすべての反核・

軍縮平和運動の要《カナメ》であると思います。

武器によらぬ安全保障の方法は何か？

●五月三日の憲法記念日に、ＮＨＫテレビで憲法討論会がありました。改憲派は、文学評論家の江藤淳、元法制局長官の林修三。非改憲派は、憲法学者の小林茂樹、それに歴史学者で平和運動家の色川大吉。以上の諸氏でした。

　改憲派は結局「あれはアメリカの押し付け憲法だから改憲せよ」、それに対し非改憲派は「とにかく内容が良いからこのままでよい」、そういう事でした。然し、両者の問題点はどうもそこにはないようです。改憲派は「現実の世界はパワーポリティクス、つまり力の世界だから、国を守るには強力な軍隊が必要、だから改憲せよ」。それに対し非改憲派は「いや、パワーポリティクスはもう行きづまっている。むしろ軍備のない方が安全、だから今のままの憲法でよい」こういう事でした。

　要するに、現実主義者と理想主義者のやりとりです。つまり、国の安全は武力でなければ守れないとする者と、武力では危いとする者との論争です。結局水かけ論に終りました。時間がなかったせいもありますが、然し水かけ論の原因は、改憲派が「では軍事力に代って国の安全を確実に守るものが別にあるのか」と聞かなかったことです。また非改憲派も、それについて何も呈示しなかったことです。要するに、いま平和問題で一番肝心な点を、横においたまま、えんえんと話し合っただけです。

双方ともそういう疑問は感じていたかもしれません。然し話には出さなかったのでしょう。出してもまた水掛論に終るからです。つまり、未だ誰にも軍事力に代って国を確実に守って呉れるものが何であるか、ハッキリ判っていないのです。判っていない、だから論争しても、結局あいまいな論理のすり替えごっこに終ってしまう、そういうことが分かっていたのでしょう。結局、現下の平和問題の根本は、民衆においても、有識者においても、「軍事力に代って、国の安全を守って呉れるものがあるのかないのか」、ここの一点にしぼられると思います。もし明確にこれを指示する者があったら、世界の平和運動の様相も、世の軍拡競争の様態も一変するでしょう。

●誰か、これについて、明確に指示する者が、いたのか、いなかったのか。いるのか、いないのか……ここが問題です。私は、歴史の過去の霧の中に、これを明確に言い切った幾人かの人を知っています。その一人、皆さん御承知の**イエス・キリストの「剣をとる者は、剣によって滅びる」**、あの言葉を思い出します。あれは単なる宗教の教えではありません。現実のこの大自然界の法則を直截に表現したものです。

あの言葉をイエスがいつ述べたかというと、バイブルによりますと、彼の十二人の弟子の一人ユダが、イエスを裏切るために、イエスに敵対するユダヤ教徒達をひき連れてやって来ます。そして、ユダのあれがイエスだという合図と共に、ユダヤ教徒達がイエスにとびかかります。すると、イエスの伴の者の一人が剣を抜いて、ユダヤ教徒の主だった者の耳を切り落とします。するとイエスは「剣を捨てよ、剣をとる者は剣によって滅びる」、そう言って、剣を捨てさせました。普通なら、イエスは無実の罪で捕えられるのですから、「よくやった、もっとやれ」と言うべきところです。そのため、イエスは捕えられ、処刑されてしまいます。

イエスは命を捨ててまで、なぜそうしたのでしょうか。それは、剣をとる者が必ず剣で滅びる、これが大自然の不変の真理である、イエスは誰よりも、この真理をハッキリ確信していました。ですから、身を捨てて身をもって、この真理を後の世に示しておこうとしました。その通り、イエスの言葉はまもなく実現されます。

●当時、ユダヤ人の土地パレスチナは、ローマ帝国の植民地の一部でした。つまり、当時ローマは征服戦争で、地中海の周りの土地全部を取っていました。アジア・アフリカ・ヨーロッパ三大陸にまたがる大帝国です。それは丁度、今日のアメリカとソ連を一緒にしたような超大世界帝国でした。だから、誰も、このローマ帝国が滅びることなど、夢想だにしませんでした。ところが、それから四五〇年の後、ローマ帝国は滅びます。イエスの言ったように、頽廃と戦争によって国土の悉くが荒れ果て、永久にこの地上から消滅してしまいました。

ローマ帝国の歴史は、一つの人類史の象徴だと云われます。すなわち、ローマ帝国に起こった事が、そのまま後の世のすべての人類史にも現れるという事です。つまり、剣によって興ったローマが、剣によって滅びたように、人類史も剣によって滅びるという事でしょう。人類五〇〇〇年の歴史は、剣によって自分の安全をはかり、剣によって自分の幸福の発展をはかる歴史の繰返しでした。今丁度その最後のところに来ているのではないでしょうか。ローマを滅ぼした野蛮なゲルマン人とは、現代の核兵器の事でしょう。もし、核戦争が起こったら、核戦争こそ、人類の歴史に終止符をうつであろうことは、もはや誰の目にも明らかな所です。

真理をイエスから学びましょう

●さて、イエスの言った「**剣をとる者は、剣によって滅びる**」とは、どういう事でしょうか。剣とは、人を殺す武器です。人を殺すことによって、自分の安全を守り、自分の幸福をはかろうとする、そういう考え方の結晶が武器です。つまり、人を殺さなければ自分の安全は守れない、そういう悲しい考え方の結晶が武器です。

だが、その武器をとる者は、なぜ武器によって滅びるのでしょうか。………それは、自分のした事は、必ず報いが来る、天罰てきめん、因果応報。そう言ってしまえば、単なる倫理や宗教に終わってしまいます。そうではなくて、これは、厳然たる大自然界の現実の真理です。麦を播いた者は麦を刈り取り、南瓜の種を播いた者は南瓜を刈り取る。つまり「自分の播いたものを、自分が刈り取る」そういう大自然界の法則です。麦を播いた者が、南瓜を刈り取ることがないように、戦争の種を播いた者は戦争を刈り取り、平和の種を播いた者は、平和を刈り取る。そういう事です。だから、人を殺すために武器を執った者は、自分が播いた種である「殺意」が育って戦争となり、やがてその大きく育った殺意を自分の手で刈り取るという事です。つまり、自分と同じように、人を殺して自分の安全を守ろうとする別の者の、より大きな武器によって殺されるという事です。

もう一度、マヤカシの核抑止力論を俎上に載せる。人よ自然界に学べ

●いま、米ソ両国はしのぎを削って、核軍拡競争に狂奔しています。なぜそんな危険な事をするのでしょうか。その理由は、「平和のため」ということです。おかしな事です。つまり彼等が云うには、核兵器には、戦争を阻止する「抑止力」があるというのです。本当でしょうか。

「核抑止力」とは、核戦争は恐ろしい、だからうっかりやれない、だから恐ろしい核兵器をどんどん開発していけば戦争はやれなくなる、そういうことです。但し、米ソのどちらかが強くなり過ぎてはいけない、強い方が戦争を仕掛けるからです。だから同じ位、力の均衡が得られている時、抑止力が成り立つ。こういう事です。

然し、米ソの力の均衡が成り立つという事があり得るでしょうか。レーガンはこう言っています「ソ連を軍縮に応じさせるためには、アメリカの核優位が絶対必要である」と。また、ソ連のウスチノフ国防相は、昨年の革命記念日にこう言っています「アメリカの核優位は、どんな事があっても許さない」と。これが核抑止力論の実体です。

核抑止力論はまやかしの論理にすぎません。核兵器という戦争の種子を播いて、これに水を加え、肥料を与えて、競争で育成しながら、そこから平和を刈り取ろうというのです。そこから刈り取れるのは肥大した核、つまり核戦争に外なりません。核抑止力論の正体とは、実に核軍拡論です。人類を滅ぼすまやかしの論理です。それとも人間のする事は、自然の原理とは違うというのでしょうか。毒麦の種を播き乍ら、小麦が取れはしないかと、いや取れる筈だと、ああでもない、こうでもないと、屁理屈を付け合って自分をごまかしている、これが人間の正体です。

その点、植物の方がずっと人間より聡明なのではないでしょうか。植物は自然の原理に素直ですから、毒麦の種からは毒麦、小麦の種からは小麦、と知っています。だから何千万年、何億年も生きつづけているわけです。人類も生き続けたければ、植物の素直さに学ばねばなりません。小麦の種からは小麦、毒麦の種からは毒麦、そのように戦争の種からは戦争、平和の種からは平和。すべて種子のあるところ、必ず芽が出て、いつかは花実をつけます。戦争がイヤなら戦争の種子を捨てねばなりません。戦争の種子とは武器、核兵器の種子も武器、だから、戦争も、核兵器も嫌なら、一切の武器を捨てる外に方法はありません。不戦と非武装、この外に、平和へ至る道は一つもありません。

もし、人類が戦争の種子である武器を捨てないで、単に「反核・軍縮」と叫んだり、平和運動という麗麗しいスローガンを掲げて行動するとすれば、それは、自然界からの物笑いの種になるでしょう。いまはっきりしている事は唯一つです。平和の種を播かなければ、平和の実はぜったいに生えないということです。平和の種とはいったい何でしょうか……。それは、先に私が申しました通り、極悪人といわれる死刑囚の人が、掌を返したように、仏心に変革したように、吾々自身が変革する事です。決死で（いのちを賭けて）。死刑囚が死と向き合った一日が今の私と肚をくくって。即ち、**愛、いのちの尊厳、他者への奉仕**、これを吾々が日常生活で実践すること。及び国家の政治・経済・外交・文化・教育の種子とする事です。この種子が大地にうまく播けるかどうか、それは人間にしか出来ない、人間なら出来る、偉大な事業です。そしてそこに、人類のすべての未来の運命がかかっているように思います。

（了）

第四話　生の断念　〈人よ、動物からの脱皮を〉

不戦のための詩朗読と講演会・記録
1984・3・25（広島）平和記念館

一、日本の危機

今は終末？　それなのに日本人は……

●オーストラリアのシドニーの小学生の48％は、二十五才までに死ぬと信じているそうです。アメリカでの調査の結果もほぼ同じです。また、日本の小学生の70％は、もうすぐ戦争が起こると脅えているそうです。これは「終末」と呼ぶべき時代に、いま吾々があるという事ではないでしょうか。

森有正著の『思索と経験をめぐって』には、日本に来た若いフランスの婦人が、「第三発目の原爆も日本に落ちる」と言ったということが書いてあります。理由は何も書いてありませんが、恐らく、「日本人が贅沢に馴れて、大事なものを失っている」ということ、また「自分の国の防衛を外国に依存して平気でいる」ということ、そこに外国人の目から見たら、危うさを感じるということではないでしょうか。

日本に在住している中国人がこう言っていました「中国人は自分を抑えるということを知っているが、日本人は知らない。その証拠には、中国人に酔払いはいないが、日本人には沢山いる。サラ金がはやるのも、腹八分目の節度を知らない、日本人の習性ですよ」と。

成人の日に、「二十歳の青年100人に聞く」という番組を、大橋巨泉の司会でやっていましたが、異口同音に、平和憲法支持、自衛隊の現状支持と答えていました。巨泉氏が、「それでは戦争に巻き込まれる恐れがあるが、そうなったら、君達は戦争に征くか」と尋ねたら、「イエス」は2人、98人は「ノー」でした。何も戦争に征くことをほめるわけではないが、日本人は嫌なことは人まかせで、自分はその影にかくれて安穏に暮らすという習性を、身につけてしまったのではないでしょうか。

ギャラップの調査によると、「国のために喜んで銃をとるか」の問いに、アメリカ人は71％、イギリス人は62％が「イエス」と答え、日本人はただの22％でした。中高年層も含んでいるから、青年だけなら、もっと少ない数になったでしょう。特に日本人の若い層に、日本人が弱々しくなった体質が食い込んでしまっています。

フランスの若い婦人が言った「三発目も日本に落ちる」という一種の予言は、もう殆ど嘘ではない、現実の問題として、吾々日本人の上に迫っていることを、私は肌身で感じています。

米ソ核戦争の危機は、ひたひたと私達の身辺まで

●私は神奈川県の逗子市に住んでいますが、いま「池子もんだい」という事で、市民がおののいています。逗子の郊外に池子という米海軍の弾薬庫があります。そこは二九〇ヘクタールもある原生林で、米軍が、近々返してくれるという事で喜んでいたら、政府が其処に一〇〇〇戸の米軍住宅を建てる方針をうち出したのです。市長が先頭に立って、市民と一緒に反対運動を始めました。で、市民の反対署名を集めて、それで市の態度を決定しようということになったのです。いよいよ署名という段階になって、おかしな雲行きになってきました。市が市民に対し、本当に本人の署名かどうか後で電話で確認すると言い出したのです。これは署名に対する一種の圧力です。そんな事があって、間もなく、市長の態度が豹変しました。米軍住宅の建設を認めるというのです。恐らくこの背景には、国の強い圧力があった事が想像されます。「何故?」……

●なぜ、政府は池子に一〇〇〇戸の米軍住宅を建てなければならないのか。その回答は、アメリカ側の次の言葉が明晰に語っています。市民が「狭い逗子市に、一〇〇〇戸の米軍人が住んでは、風紀が乱れて困る」と反対したら、アメリカは「その心配は無用、此処に

住むのは、アメリカのインテリのトップクラスです」と。軍人以上のトップクラスのインテリとは何か。吾々はハタと思い当ります。青森県三沢のＦ16戦爆機には、一機あたり五十人のコンピューター要員が必要なのだそうです。すると、池子のトップクラスのインテリとは、電子関係技術者であって、隣接する横須賀市にその必要性が急増したということではないか。

そういえば、昨年一年間に、アメリカの原潜23隻が日本に寄港しています。これはベトナム戦争最盛期の21隻を上まわる急増です。それに、アメリカは原潜の一部に既にトマホーク（艦船から発射する巡航ミサイル・戦域核兵器）を装備している、近々すべての原潜にトマホークを装備する予定であると発表しています。

池子の米海軍住宅とは、これらトマホーク関係の技術者に違いありません。トマホークは超低空で飛行できるので、レーダーにかからない、いわば見えない恐ろしい核ミサイルです。しかも命中率は百発百中と云われます。そのためには、高度のミニ・コンピューターがミサイルの先端に装備されています。それに、米海軍は目下大いそぎで、アメリカ全艦艇に、このトマホークの装備を急いでいます。ということは、今後、横須賀に寄港する艦艇はもとより、日本近海を遊弋するアメリカ艦艇は、みなトマホークを装備しているということになります。これでは急拠、日本の寄港地付近に、トマホークの電子技術者を確保しておかねばならぬわけです。しかし、このことは日本の命とりにもなりかねない恐ろしいことです。

世界あちこちで上がる反核運動の狼煙

●皆さん、一昨年の三月、広島で反核大集会があったのを覚えておられますか、五月には東京で三十万の集会、そして三千万人の署名運動が併行して行われました。あれは何故あんな大騒ぎしたのでしょうか。原因はヨーロッパにあります。その前年の秋、西独のボン三十万人の集会から始まった反核運動が全世界に拡がったのです。なぜまたヨーロッパから？　その原因はソ連のＳＳ20です。

この強力な中距離核ミサイルが東欧に配備され、西ヨーロッパ全域はその射程距離内に入ったのです。それだけならいいのですが、アメリカはこれに対抗して、やはり中距離核のパーシングⅡや巡航ミサイルを西欧に配備すると言いだし、ここに西欧に限定核戦争、つまり米ソ本国を聖域化した他地域での核戦争、その危険性が西欧に起こりそうになったのです。

なぜ、またそんな………そうです、実は一九七〇年代はデタント時代（米ソ冷戦の緊張緩和時代）と言われ、二つのＳＡＬＴ、戦略兵器制限協定が米ソ間で調印され、吾々はすっかり安心していたわけです。ところがそのデタントが、全くの食わせものだったのです。その間に、米ソは鎬《しのぎ》を削って核兵器技術の革新を進め、命中精度と一基のミサイルから一度に多数の核弾頭を発射できる技術の開発に成功したのです。その結果、核兵器は、狙ったものだけを正確に攻撃できる兵器、つまり使える兵器となり、米ソは外地で現実に核戦争をやる政策に転換したのです。これが限定核戦略です。そして、その戦略のチャンピオンの核兵器が、ソ連のＳＳ20です。何となれば、これはアジアからヨーロッパ全域を射程距離内におき、命中精度もよく、しかもトレーラーで自由に移動でき、しかも一度に三発の核弾頭が発射できるのです。ソ連はこのミサイルを、一九七七年から毎週一基づつ作り、今や欧州に約二五〇基、アジアに約一五〇基配備するに至っています。

●だが、いま限定核戦争の最も危険な場所は、極東、この日本周辺に移りつつあります。何となれば、アメリカはＳＳ20に対抗できる中距離核が極東にないので、そのためにトマホークを、西太平洋、特に日本周辺に重点的に配備しようとしているのです。

前に申した通り、アメリカがアメリカの全艦艇にトマホークを装備しようとしているのは、トマホークがＳＳ20以上に強力な中距離核だからです。第一に見えない、正確無比だけでなく、潜水艦から水中発射できるから、移動核基地です。これはソ連からすれば、手のつけられない恐ろしいものです。しかもアメリカは、これを日本周辺に重点配備しようというのは、周辺が海に囲まれ、トマホークを積んだ艦艇には願ってもない都合のよい領域であること、また、非核三原則の日本の土地には、一基のミサイルを置く必要もなく、しかも日本を完全な核基地化することが可能だからです。

中曾根首相がアメリカで、日本列島を不沈空母化すると大見得をきって、帰国後あたふたと取り消しましたが、あれは嘘どころか、真実、日本列島の運命を、ホンネを思わずポロリと洩らしたものです。日本列島はほどなく、トマホーク米艦艇でとり囲まれ、不沈空母・移動核基地化します。

まともに日本が核戦争の標的にされる

●そして、その運命は、フランスの婦人が指摘した通り、「第三発目の核」を受ける限定核戦場です。その口火は、意外な所、たとえば中東紛争からでも一直線です。たとえば、今朝のニュースで、イラクがペルシャ湾のイランの石油積出し基地、カーグ島付近で、イランのタンカーを空爆したということです。これは日本の危機に直結します。

イランはこう言っています「カーグ島が攻撃されたらホルムズ海峡を、つまりペルシャ湾を封鎖する」と。イラクは「必ず攻撃する」と言っています。これに対しアメリカは「ホルムズ海峡が封鎖されたら、直ちに干渉する」と言っています。これでは日本は間違いなく核戦場となります。何故かというと、ウラジオストックにいるソ連の艦隊は、アメリカに対抗してすぐ出動するからです。とすれば、アメリカは直ちに日本周辺の三海峡（対馬・津軽・宗谷）を封鎖するでしょう。もうソ連からの核攻撃は在日米軍基地めがけて必至となるでしょう。

実際、日本版『その翌日』のシナリオが、最近発表されました。それによると、「米艦からトマホークをソ連基地へ発射した」想定で、ソ連から四発の小型水爆が、在日米軍基地、東京・横須賀付近に落下。その結果死者六〇〇万人、死の灰による原爆病患者は数しれず、となっています。唯四発の小型水爆でです。そして「限定核戦争は絵空事でない」としめくくっています。

まさに不沈空母日本の、間近い縮図がここにあります。そして小学生すらその予感を、70％の子供達が「戦争はほどなく起こる」と脅怖感を示しています。成人調査（昭57・10

月ＮＨＫ）では、78％が「戦争に巻き込まれる危険」を訴えています。

自分で危機を引き寄せている、それが私達ではないのか

●なぜ、こんな馬鹿げた事が日本に起こるのですか。日米安保があるからです。アメリカに日本が基地を貸しているからです。なぜそんな危険な安保を日本は結んでいるのですか。それは「アメリカに強制されて……」。そうではありますまい。日本人で安保の支持者は、国民の74％（昭58・11月 毎日新聞調査）。こんなに多いのは国民がそれを望んでいるからです。何故？

腹の底では①アメリカの核の傘で安全 ②安上りの軍事費で経済発展。恐らくこういう事でしょう。これは何というズルイ考え方でしょう、「他人の褌で相撲をとる」とはこの事です。自分は平和憲法で、「戦争反対、軍備反対、核反対」と良い子になりながら、現実には他人の核兵器で自国の安全を守って貰っているわけです。しかし、安い軍事費で余った金で、うまい物を食い、海外旅行をし、セックス遊戯に耽っているわけです。

これはズルイというより、フヌケ者の考えです。「相撲をとる」のは、自分でなくてアメリカ人です。つまり、自分の生命を他人にあずけて平気でいるフヌケ者です。フヌケな

らまだしも、これは国を必ず滅ぼすウツケ者の条約です。

第一アメリカが本気で日本を守って呉れるでしょうか。あれは、昭和二十五年の朝鮮戦争で、アジア防衛の手薄さを痛感したアメリカが、急遽、警察予備隊（自衛隊の前身）を作って日本を再軍備させ、他方、対日講和条約を結んで日本を独立させ、日米軍事同盟化のため、日米安保条約を作ったものです。それはアメリカの安全のため、アメリカが作った、アメリカのアジア防衛体制の一環です。

「只ほど高くつくものはない」と言いますが、まさに、安保条約によって、日本は精神をフヌケにし、核戦場化によってその生命を失い、確実に国を滅ぼす、「ズルクて、フヌケで、ウツケ者」の亡国の条約です。それを国民の74パーセントが支持するとは。

●その点、中曾根首相は「さすが」といえます。一昨年の首相就任時、外人記者むけの英文パンフレット『私の政治生活』の中で、こう記しています。

「私は安保条約が調印された時、他国の庇護に馴れて、国民が自らを守る意志を失うことを最も恐れた」「真の独立国は自国の領域防衛を、他国の軍事力に大きく依存する道を選んでいる限り、不可能だと信じている」。ここまで、中曾根首相の予見は当たっています。

国民が腑抜けになって、亡国への道を辿るという点では。それは二十歳の青年100人の中、すすんで国を守る者二人、あのテレビの回答の中に明瞭に出ています。しかしその後がいけません。

「私は永い間、自衛能力の保有に疑問の余地を残す憲法は改正すべきだと主張してきている。この後も、私の考えは変わらなかった」と。これは「いつか来た道」、危険な軍事国家、亡国の道ではありませんか。

●いったい日本はどうしたらよいのだろうか。非軍事国家・安保の道は、国民がフヌケになり、日本列島は核戦場となり、国は滅びる。中曾根路線は、軍事国家、戦争、亡国の道。日本は今この二つの間で揺れ動いていますが、それは何れをとっても危険な亡国の道です。しかし、この二つの道は別々の道に見えながら、実は、一つの道なのです。つまり二つは同じ道、同じ穴の狢なのです。

なぜか？　危険の原因は、この二つの路線の根底にある共通の一事です。即ち、**「国の安全は、軍事力で守る」**これです。人類が五〇〇〇年の間、頑迷にも信じてきた「自己の安全は、武力でなければ守れない」この誤信です。安保はこれを「他人の褌でやろう」とし、他方は「自分の褌でやろう」ただその違いです。

敗戦の教訓

●私は、いったい、日本は敗戦から何を学んだのか、つくづくこの事を考えると嫌になります。恐らく、国民が敗戦から学んだ事は次の三つでしょう。①戦争はもう嫌だ、コリゴリだ。②アメリカと戦って負けたのだから、アメリカと仲良くしなければ駄目だ。③日米の物量差で負けたのだから、経済力は大切だ。

だから、戦後の国民は、アメリカと仲良くして「安保」を結び、嫌な戦争ゴッコはアメリカに委せ、**経済成長、使い捨て経済にうつつを抜かしている**わけです。

然し、中曾根氏が学んだのは、一点で違っています。②アメリカと仲良くする。③経済力は大切、この二点は同じです。しかし①「戦争はもうコリゴリ」中曾根氏はこの一点は学んでいません。

しかし、両者は、肝心なものを学んでいない点では全く同じです。即ち、「**日本はなぜ負けたのか**」この回答は、「**日本が武器をとったから**」これです。つまり国民も中曾根氏も、敗戦から、国を滅ぼす道だけを学び、肝心の国を生かす道は何も学ばなかったのです。

そして、その責任の大部分は、私は文学にあると断定したいのです。何故か？「戦争とは何か、平和とは何か」このような根源的な問いをもち、それに答えるのは文学の仕事だからです。政治家や財界人や科学技術者や、まして庶民の仕事ではないでしょう。根源への「問い」を問うために、本来「文学」はあるのではないでしょうか。

二、戦後文学の検証

私も出席したムンムン熱気溢れたあの集会

●一昨年（一九八二年）の三月三日、東京・神田の教育会館で「核戦争の危機を訴える文学者の集い」というのがありました。これはヨーロッパの反核運動に刺激された文学者、約五〇〇名が作った「核戦争の危機を訴える文学者の会」が主催したものです。

会場は、若い人達も一杯で、熱気ムンムンとして大変な盛会でした。

次々に文学者が立って、「反核・軍縮」を叫び、詩を読み、文章を朗読し、あるいは戦前のファシズムや言論弾圧の非を唱え、また戦争の恐ろしさを口口に訴え、熱気あふれるものでした。

その中で一人、氏名は忘れましたが、一人の作家がポツリとこう洩らしました、「反核・軍縮」と叫んだ後は空しいと。ためらいがちにその人は言ったのですが、私は、その中に文学者のしんじつの声があると思いました。つまり、叫び、訴え、デモ、坐り込み、署名では、どうにもならないほど深い「戦争」という病根が今人類の中にある、それに対し文学者は何の回答ももたず無力である、ただ、庶民と同じように「反核・軍縮」と叫んでいるだけだ、この虚しさでしょう。

だから、吉本隆明氏に馬鹿にされるのです。吉本氏はその著『反核異論』の中で、「文学者のあの運動は、馬鹿だ、間抜けだ、阿呆だ」と本当にそんな言葉を使って愚弄しています。何故か。あんな一つ覚えの「反核・軍縮」の合唱は「アメリカを牽制して、ソ連を利するだけで、逆に核戦争に協力することになる」というわけです。それを裏書きするように、文学者の会が出した〈核廃絶を訴えるアピール〉は、米ソ双方へ渡したのですが、その中、ソ連のブレジネフ書記長からだけ、「ソ連は、そのアピールを支持する」の返事が届いています。これでは、吉本氏が馬鹿にするのも無理はありません。

しかし、会の最後に、私は最もショッキングな発言を耳にしました。それは文学者ではなく、法律家代表者の発言でした。その人はこう言いました、「文学者よ教えてくれ、人間にとって、戦争とは何なのか、平和とは何なのか。また、核兵器を創り出した科学技術文明とは、いったい何なのか、文学者よ答えて呉れ」と。これは、文学者が自ら問う「問い」ではありませんか。それを法律家代表に言い出されるとは。いったい戦後文学は何を考えてきたのですか、敗戦から何を学んだのですか。

恐らく、大戦中に愛国詩などを書き、戦後痛めつけられて、臆病になったのだろうか。または、国民と共に高度成長で太平に馴れ、根源の問題を考えることを放棄してしまったのだろうか。いずれにしろ、日本の戦後文学とは、臆病者と気楽な極楽トンボ達の集団なのだろうか。

一人だけだが、問いを発した人

●だが、その問いがなかったわけではない。一部では真摯な作家達がいて、その問いにかかわる作品を書いています。最も有名なのは、大岡昇平氏の『俘虜記』でしょう。この作品が有名なのは、その第一章〈捉われるまで〉で、大岡氏は「私は、なぜ米兵を射たなかったのか」という問いに、詳細な省察を行っているからです。

●その大要を述べますと、比島のミンドロ島戦線で敗北した「私」の所属する部隊は、米軍に追われ、逃避行をする。疲労と飢え、それにマラリアに冒された私は動けなくなり、林の中に倒れてしまう。そしてこう考える「米兵が現れても、もう射つまい」「自分の最後の時を血で汚したくない」と。そこへ実際に一人のアメリカ兵が出現する。隠れている日本兵を探しながら近づいて来る。今なら確実に射てる、そう思ったが、やはり射つ気はしなかった。米兵はずんずん近づく、発見されたら確実に射殺される。「私」の手はいつの間にか、銃の安全装置を外ずしている。米兵は間近に迫った。その時、遠くで銃声が聞こえ、アメリカ兵は向きを変えその方へ立ち去った。こんな描写です。

●「私」はその後で、「なぜ射たなかったのか」について反省してみます。で、こう思うわけです「射たなかったのは、自分が生きる望みを捨てていたからである」と。つまり、どうせ死ぬのだから、人を殺してまで生きる必要はないと。つまり「殺さなかったのは、人類愛からではない」と、人類愛を否定するわけです。しかし、またこう考えます、「米兵が四〜五メートルに近づき、私を認めても、私は本当に射たなかったか」………その証拠に「いつの間にか、手はしぜんに銃の安全装置を外ずしていたではないか。」あの時射たなかったのは、偶然遠くで銃声が聞こえて、米兵がそちらへ立ち去ったからにすぎない。

そこで、大岡氏はこう結論を下します。私が米兵を射たなかったのは「自分が生きる望みを断念していた」こと。もう一つは「銃声による偶然による」と。射たなかったのは、他者に対する人類愛ではない。大岡氏はそれ以上の回答を与えていません。

もし、銃声が聞こえなかったら？

●そこで、私はもう一歩出て、類推を進めてみたいと思います。それは、ここには「戦争と平和」の重大なテーマが隠されているからです。

大岡氏は「なぜ、米兵を射たなかったか、それは生の断念と偶然」とします。すると、人間が人間を殺さない「平和」とは、「人間が自分の生を断念した場合」と、もう一つ「偶然」という、甚だはかないものになってしまいます。つまり、これを裏返して申しますと、通常の人間は「生の願望をもっている」だから「自分が生きるためには相手を必ず殺す」ということになる。つまり通常の人間の場合には「戦争」が一般の状況になる、ということです。

即ち、人間とは、生の願望によって、自分が生きるためには相手を殺す、いわば動物的な弱肉強食の「戦争」が一般的な法則であって、自分の生を断念するとか「平和」とは、極めて異例な事である。つまり人間にとって「平和」への望みは殆んどない、ということになります。

●しかし大岡昇平氏は、他方では「神」という観念を捨て切れずにいます。何故か。実は主人公の「私」は、その後気を失ってしまうが、奇蹟的に紳士的なアメリカ兵の俘虜となり帰国します。そして、この命をとりとめた背景には、三つの偶然が働いていたわけです。

①「私」は逃避行に当たり、病気と疲労でとても生きられないと生を断念して、水筒の水を捨ててしまう。しかし、この事が私を生き残らせることになる。激しい喉の渇きで、死ぬ前にもう一度水を飲みたいと、一人だけ隊列を離れて水を探しに行く。その直後、米兵の襲撃をうけ他の兵隊達は全滅してしまう。

②先程述べた通り、米兵が出現したが、私は生を断念していたので射たなかった。もし射っていたら、他の米兵に発見され殺されていたろう。しかし米兵が一層近づいた時、私の手はしぜんに銃の安全装置を外ずしていた。もしかしたら射ったかもしれない。しかし、その時遠くで銃声が聞こえ、その「偶然」によって米兵は去った。

③その後、いくら探しても水はない。疲労困憊の末、水をあきらめてしまう。「水を飲まずに、このまま死のう」と手榴弾で自殺をはかる。しかし、手榴弾は不発で死ぬことは

出来なかった。

この三つの偶然によって命を永らえたことになっています。だから、大岡昇平氏は「神」の観念を捨てることが出来なかったのでしょう。

しかし、三つの偶然の背景には、一つの前提があることが分かります。即ち「**生を断念していた**」という事です。①生を断念していたので、水筒の水を捨てた。②生を断念していたので米兵を射たなかった。③生を断念していたので手榴弾で自殺しようとした。

三つの偶然が、いわば奇蹟の作用をして命を永らえることになるわけですが、この背景には、いずれも「**生の断念**」という前提があります。ここのところに大岡氏は、あるいは「神」の姿を感じるのかもしれません。

私の類推は、ここから一歩を進めます

●米兵が出現しても、私は射つまいと考えた、そしてその通り射たなかった。なぜかというと、生を断念していたから「せめて自分の最後の時を血で汚したくないと思っていた」から。大岡氏は、人類愛によって射たなかったのではないと、人類愛を否定していますが、「自分の最後を綺麗にしたい」という「自分のいのち」への愛がここにあります。即ち、「生

の断念」によって、「いのちへの愛」が芽生えていることを見落してはいけません。

そこで、私は「俘虜記」について、自分なりの結論を下したいと思います。

第一に、人間が生を断念するとき、初めて、自己のために他者を殺さないという「**平和**」が生まれる。

第二に、生を断念するとき、「**いのちへのいとおしみ**」が人間の内部に芽生える。

第三に、生を断念するとき、**「偶然」と呼ぶ奇蹟**のようなものが起こって、自己の命も救われる。


つまり、人間に於ける「**生の断念**」とは、「生きるために相手を殺す」という弱肉強食の生物学的法則から人間が離れて、きわめて人間的な法則「**平和**」とか「**いのちへの愛**」とか、今まで人間が気付かなかった、**未発見の、新しい次元の法則**に人間が立つということです。そしてそれにより、その法則の結果として自己じしんの命も救われるという事です。

これは、この五〇〇〇年の人間の歴史が作ってきた動物的法則と、全く異質の人間的法則が、ここにあるという事です。恐らく、これにより、人間の歴史はその時代と文明と運命を、大きく転換することになるでしょう。

しかし、「それはお前の思いすごしだ」「第一、生身の人間が生を断念することなんて、出来っこない」という反論があるかもしれません。しかし私は、これは極めて現実的な真実である、ということを示す実例を次に述べたいと思います。

三、生を断念した死刑囚について

人には同じ、みな仏心があるのかもしれない

●私は新聞で、ある死刑執行官の話を読みました。それによると、日本で最も死刑制度に反対しているのは、死刑執行官と死刑囚に接している看手だというのです。何故かというと、死刑囚は初め宣告を受けると、暴れて手をつけられないが、やがて静かになり、自分の身体にとまる蚊も蝿も一匹の蟻も殺さなくなり、最後に「有難う」と言って死ぬのだそうです。こんな仏様のような人達を殺すに忍びないと、こういうわけです。

私はこの話が事実であるかどうかを確かめるため、横浜の本門仏立宗の妙深寺に、妙清

尼を訪ねました。妙清尼が何人もの死刑囚を教化させたという話を耳にしたからです。

妙清尼は私には未知の人なのですが、私が平和の講演をする度に、来会され前の方の席でじっと聴いておられる。そこに一種の静謐の雰囲気があって私をひきつけ、私は何かの折に一度お話がしたい、そう思っていた方です。その妙清尼が、たまたま死刑囚を教化されたという話を小耳にはさんだので、早速お訪ねしたわけです。

妙清尼から、数々の死刑囚教化の実例を聞き、私はあの死刑執行官の話が事実であることを確認しました。

例えば、昭和四十四年に刑死したK氏の場合。尼僧が第一回目に会い、その帰途、たまたまK氏を取調べた刑事に会ったところ、刑事は「あんな奴」と吐き棄てるように言い、何も言わなかったそうです。

第二回目、K氏がしみじみと言ったそうです「私は小さい頃から悪い事ばかりしてきた、しかし悪いと思ったことは一度もなかった」と。その話を聞いて私の方が吃驚しました。悪い事をする者は、少しは悪いと思いながらするのかと思ったら、そうではないのですね。K氏は数々の悪行の末、最後は婦女暴行殺人などで死刑宣告を受けたそうです。そのK氏がまたこう言ったそうです「この頃は、看手達が親切になりました。看手とは皆ひどい奴

郵便はがき

料金受取人払郵便

鎌倉局
承　認
6170

差出有効期間
2025年6月
30日まで
（切手不要）

248-8790

神奈川県鎌倉市由比ガ浜4-4-11

一般財団法人 山波言太郎総合文化財団
でくのぼう出版
読者カード係

読者アンケート

どうぞお声をお聞かせください（切手不要です）

書　名	お買い求めくださった本のタイトル
購入店	お買い求めくださった書店名
ご感想 ご要望	読後の感想 どうしてこの本を？ どんな本が読みたいですか？ 等々、何でもどうぞ!

ご注文もどうぞ（送料無料で、すぐに発送します）裏面をご覧ください

ご注文もどうぞ

送料無料、代金後払いで、すぐにお送りします！

書　　名	冊 数

ふりがな	
お名前	
ご住所（お届け先）	〒 郵便番号もお願いします
電話番号	ご記入がないと発送できません

〈ご記入いただいた個人情報は厳重に管理し、ご案内や商品の発送以外の目的で使用することはありません。〉

今後、新刊などのご案内をお送りしてもいいですか？

はい・いりません

マルしてね！

ばかりと思っていたのに」と。尼僧はこれに対し「貴方が変わったから、相手が変わったのですよ」と教えたそうです。最後にK氏はこういう歌を尼僧に渡しました。

生と死の境に迷うたえがたさ
吾れを導け南無妙法蓮華経

第三回目、K氏は既に刑死した後でした。しかし看手達は口々に「最後は仏様のようで、礼儀正しく、皆に有難うとお礼を述べて処刑された」と告げ、妙清尼宛の一通の手紙を手渡してくれました。それは繰返し感謝の言葉を綴ったものでした。帰途、あの刑事にその手紙を見せたら、刑事はハラハラと涙を流し絶句したそうです。

ここに「非武装平和」の原理があります

●死刑囚にとり、死刑宣告と刑務所の高い塀は、生を断念せざるを得ない絶対の条件です。この生の断念から、自己の命へのいとおしみが生まれ、それは同じ命をもつ虫や蟻・他者への愛となります。つまり「**いのちは一つ**」「**どの命も地球より重い**」いのちの意味を知り、虫も殺さなくなる、つまり自ら武器を捨てます。これは人間の変革です、**動物から人間へ、極悪人から仏様へ**。その時、相手も武器を捨てます、死刑執行官も看手も「死刑反対」と叫ぶわけです。

これが「非武装平和」の原理です。自分が武器を捨てる、すると相手も武器を捨てる。しかし、ただ捨てたのでは駄目です。「**生を断念して、いのちへの愛・他者への愛によって捨てる**」これが条件です。すると相手もこれに感動して武器を捨てる。しかし、その感動は単なる情緒的感動ではありません。相手の人間変革です。実は、こちらが生命への愛によって武器を捨てた時、つまり人間変革をした時、自己の内部より、相手を変革するエネルギーが発現したのです。宮沢賢治はこのエネルギーの存在に既に気付いていたフシがあります（今日は時間の都合で、触れられませんが）。それは、人間がこれまで知っている武力や物理的エネルギーとは違った、もっと高次元のエネルギーです。だから、非武装平和とは、幻想ではなく、机上の空論でなく、単なる理想でなく、エネルギーによる人間変革、文明と社会の変革です――人間内在のエネルギーの発見と発現にかかわる、人間の大事業なのです。

言葉を変えて申しますと、人間が平和を求めるなら、動物の真似をしては駄目、動物の法則に立っていてはダメ、人間は人間の法則によらねば、平和は得られないという事です。つまり、弱肉強食は動物の法則・戦争の原理です。生命へのいとおしみと他者への愛は人間の法則・平和の原理です。地上には唯二つの原理しかありません。まさに、真理は単純にして狂いなしです。吾々が今そのどちらを選ぶか、それは唯、吾々の**「生の断念」その決断いかん**にかかっています。

生の断念とは何か

●しかし、人間は「生の断念」などという事が出来るのでしょうか。出来ます——今は「生の断念の時代」です。

もう殆んどの人が生を断念しています。オーストラリアやアメリカの小学生の48％は、二十五歳まで生きられないと断念しています。日本の小学生の70％は、もうすぐ戦争が起こると観念しています。子供達の自殺の増加は、この世相の反映です。

大人達も「終末」という言葉でこの時代を呼んでいます。核戦争の恐怖、公害による生態系の破壊と地球の破滅、今にも爆発しそうな人体の畸型化と精神の異常人化、これらの脅怖によって、大人達は、まだ大丈夫と自分に言い聞かせながら、心の隅では生を断念しかけています。青少年の「十無主義」とはその赤裸々な表現でしょう。

終末とは、まさに「生の断念」のチャンスの時です。終末とは、そこで人類がおしまいになる破滅の時でなく、そこで、人間が生の断念によって、新しい時代を始めるチャンスの時です。終末とは、人間が、永い動物の時代を去って、新しい人間の時代に入る黎明の時代です。私達は今まさにそういう時代に立っています。

●しかし、「生を断念する」とは、どういう事でしょうか。はかなんで自殺する事でしょうか。それは断念ではなく、生の放棄です。「生の断念」とは、死を覚悟して「**捨て身**」(**決死**)になることです。

どうせ死ぬのだから、ここで思いきって武器を捨てよう。人を殺して、自分が生きることを止めて、『俘虜記』の主人公のように、相手を射つことを止めて、せめて最後の時を綺麗にしておこう、と思うことです。そして、日常生活のすべての面で、武器を捨ててしまう事です(これが決死の生き方)。その時、人間の文化や経済や政治や生活の上で、大きな変革が起こるでしょう。

四、この「生の断念の時代」に文学は何をすることが出来るか

●右の問いについて、示唆を与える言葉を、次に引用したいと思います。

作家の埴谷雄高氏はこう言っています。「戦後すぐ書き出した作家達の最も深い共通の項は、死者との深いつながりであった。私達は、その初めから終りまで、死者と共にあり、死者はたえず私達の傍らにいて、ついに死者から離れることはできなかった」

また、小田実氏はこう言います。「戦後書き初めた作家の内面の論理と倫理は……吾々は過去におびただしい数の死者を背負っている、……再びおびただしい数の死者を出してはならない、という使命感に貫かれた熱っぽいものだった。それが安定とともに、死者達の記憶が遠くなるとともに……奇蹟の経済復興と高度成長の中で次第に薄れてしまった」

ここに、戦後文学の原点が指摘されています。即ち、死者とのかかわりをはなれて、戦後文学はあり得ないということです。何故か。吾々が死者の痛みの深部に下っていくとき、そこに戦争と平和についての新しい発見があるからです。たとえば、

●戦争の真の被害者とは誰でしょうか。

それは、多大の被害と苦しみと悲劇を経験したけれど「生き残っている吾々」ではありません。最大の被害者は、戦争の死者達です。何となれば、彼等は一番大切ないのちを失ったからです。いのちを失った者と、いのちをとりとめた者とでは、かけがえのないものを未だもっているか、いないかという、次元を異にした痛みの差があります。この痛みが分からなければ文学とはいえません。この次元の差の痛みは、本当は死んでみなければ分からないものですが、文学とは、生き残った者によって、死んだ者の痛みの深部にまで下って発想するところに成り立つわけです。だから、死者への思いが風化したところに、戦後文学は成り立ちません。また、死者への痛みが風化すると、戦争そのものの意味が分からなくなります。

●次に、戦争の真の加害者とは誰でしょうか。

アメリカでしょうか、ソ連でしょうか、独占資本主義体制でしょうか、天皇制でしょうか、東條英機でしょうか。——それらは、いちいちそうかもしれません。しかし、本当の戦争の加害者は、もっと深いところに隠れています。それは**私じしん**です。なぜか……その回答は戦死者のみが与えてくれます。戦争でかけがえのないものを失った者のみが出せる回答です。彼等のいのちを奪ったものは戦争だからです。戦争を起こしたのは、生きるために相手を殺さなければならないと考えている人間です。そういう考えをもっている私です。だから、戦争の本当の被害者は「**いのち**」であり、加害者は「**私**」人間です。このことは、いのちの被害者である死者達の立場に立ってのみ、初めて分かります。そして、この事が分からない限り、戦争と平和の本当の意味は分かりません。

●先年、ノエル・ベーカーさんが亡くなりました。イギリスのノーベル平和賞の受賞者で、平和運動の象徴とされた方です。ノエル・ベーカーさんがなぜ平和運動に入ったかというと、第一次大戦で、衛生兵として従軍したベーカーさんは、傷ついたいまわのきわの瀕死の兵士達に聞いて廻ったそうです。「何か言い残すことはないか」と。

するとと、皆異口同音に答えたそうです「こんな人と人とが殺し合う、馬鹿なことは二度としないでくれ」と。これがノエル・ベーカーさんが平和運動に入った動機です。

ここに、生を断念した者によって初めて明らかになる、戦争と平和の真実の回答があります。戦争の被害者は、すべての「**いのち**」です。加害者は**戦争**、それを起こす「**私**」です。だから平和とは、一切の戦争を捨てること、一切の武器を放棄することです。加害者である私が、自分が生きるために相手を殺す、生物学的原理を否定して、加害者であることを止《や》める外にありません。

●その意味で、自己加害者の立場に立たない平和運動は永久に無力です。

例えば、昨年の「アジア文学者ヒロシマ会議」で、日本人が原爆の惨を訴えたのに対し、マレーシア作家のイスマイル・フセイン氏は「吾々は、日本軍に苦しめられた民族を、解放してくれた原爆を喜んだ」と発言したと聞いていますが、吾々は何と答えることが出来るでしょうか。人類に普遍的な回答は、吾々が原爆の被害者として語っている間は、出てきません。

また、「反核・軍縮」の叫びや、デモや、坐り込みや、署名運動が、なぜ無力か。吉本隆明氏に「あれは一方的にソ連を利する、馬鹿な行為だ」となぜ笑われるのか。それは、そういう運動が、相手を動かし、**相手を変えるエネルギーをもたない**からです。なぜ、もたないか、相手にだけ戦争の責任を帰し、相手にだけ平和を要求する、**自己被害者的立場からは、他者を変革する人間のエネルギーが内部から発動しない**からです。

また、「戦争体験を語りつぐ」という言葉で、若い世代に、戦争の被害や恐ろしさが語られますが、もし、それが被害者の立場からだけ語られるなら、結果は、逆に戦争を挑発する危険性をもちます。何となれば、もし将来、日本に国際的危機が生じたとき、戦争の恐ろしい被害を自分が受けないために、先手をうって、相手を攻撃しようとする好戦主義に転換するからです。

だから、平和運動は、自己加害者の立場に立たない限り、無効であるし無力です。また相手を動かすことは出来ないし、場合によっては危険でさえあります。

そして、自己加害者の立場は、戦争の真の被害者である**死者の痛み**に立つことによって、初めて生まれます。そのとき、生者だけでなく、死者までを生かす真実の恒久平和が実現されます。

文学とは、この痛みを知ることのできる、最も根源的ないとなみです。このいみで文学は、無力でなく、人間や世界や文明を変革する事の出来る、もっとも根源的な文化です。

いま「終末」と呼ばれる生の断念の時代にあたって、死者達の声を再現してみせることは、そして、それを深く掘り下げてみせることは、文学にだけできる、すべての人々に、自己加害者の立場に立たせ、生の断念に向かわせる、残された、いま一番大切な仕事ではないでしょうか。（注5）

（了）

注

この（注）は新しく付け加えました。
三十年前の講演会では、自作詩を朗読してから講演をしました。
従ってこの注で、自作詩の幾つかを掲載して補注としました。

（注1）……20ページ参照

この十年間の戦死者との対話は、左記の三冊の詩集の中にすべて記録されています。私の詩作は私が書くのではなく、戦死者からのメッセージをそっくり詩の形で受け取ったものですから。彼らの心が左記の三冊の詩集の中に込められています。

①詩集『同年の兵士達へ』。1974年10月1日発行、詩洋社。

②詩集『一九七九・同年の兵士達へ』。1979年10月1日発行、日本未来派の会。

③詩集『軍靴の歌』。1983年12月8日発行、脱皮詩社。

1973年（昭和48年）2月24日、ふと私の口をついて出た最初の詩が左記の「同年の兵士達へ」の詩篇。以後次々と、戦死者からの口述筆記のような形で詩が綴られていきました。

同年の兵士達へ

夢の中では

いつでも逢っているのに
現実ではすぐ忘れてしまう
君達
親愛なる吾が同年諸君
夢の中のむくろ
もう銃をはなしたまえ
君の目から怒りをとき
その足の脚絆をときたまえ

一九四五年　夏
その日僕等は別れた
君等は肩に銃を置き
この下界から消えて行き
僕には永い春が残った
一九四五年　永い暑い夏よ

あの炎えていたカンナと蒸れていた蓬よ
君等の残した踵の跡に
息絶えた無数の春よ

〈俺について来てはいけない
君ひとりの道を行け〉

けなげな友よ
幼馴染の口から
そんな言葉を期待して生きてきた僕に
いつかな高らかに聴きとれるすゝり泣き
凍てついたツンドラの平原に
忘られぬツンドラカブリカの花蔭に
見える　無数の目
聞こえる　気息の心臓音

あゝ　この大いなる世界の昼に
あれが僕の夜か

――1973・2・24作

（注2）……39ページ参照

軍靴のうた

軍靴にはアルミの鳩目がついていて
あの穴から通す紐を
きつすぎずゆるやかにすぎず通しおえて
穿き心地を試すとき
ヒリヒリと今日なくなるかもしれない俺の身体に
通う神経があったことを思い出す
いま　ぼうようと空を漂う
一匹のむく毛の白犬となった俺は
赤い縞の怨念がこびりついていて
どうしても人を殺すことが
明るい罪のように思えて仕方がない

キリストを殺したY字型の死台だって
聖なるものとなっている世界だから
俺の怨念が聖化されるとき
地球は　たしかに
俺が一度失敗した
向うだけが見える眼鏡のように
きれいになるだろう
明後日《あさって》おれは人ひとりを突き刺す
街できれいに

――1981・7・17作

（注3）……40ページ参照

戦い終らず

――故　孫尾徳次郎少尉のうたえる

死と呼ばれるゲームが終ったとき
俺たちは
伏せられたカードのように卓子《テーブル》に残った
一九六一年
誰もかれもが戦後は終ったといい
レジャーやゴルフや宴会に出かけた後
俺たちの行き場はもうなくなった

死と生とはたかがカードの裏と表にすぎない
俺たちにはカードを返す手はもうないが

裏返しの愛で人に近づく自由はもつ
俺達は宴席に行き
レジャーを楽しみ
駅のコインロッカーにひそみ
ビルの谷間へ一緒に飛び降りた
その時誰もが何もきかなかったか
世界が俺のチョッキのポケットで
時計のように止まり
いちじくに似た花でむなしく
飾られたのを

俺たちにはどんな取引の自由もないから
祖国がさいあいの形で亡びるのを願う
俺たちの身体のように冷えきって
おゝ　俺たちまだ二十二の青春をかけて

愛する者よ　父よ母よ妻となるべき女《ひと》よ
きみたちが二度とあざむかれない死のために
俺たちは甘んじて一枚のカードとなりきろう

——1977・5・8作

（注4）……42ページ参照

平家蟹

顔の皺が深くなったのは
海の深さのせいだ
あの冷い波を七百年もうけていると
こうなる
彼がそう語った時
俺もいまにそうなるかもしれないと思った
この沖縄の海底は
冷たくないにしてもだ
俺が艦を熱い火のタマにして沈めたとき
あの一瞬のためだけに
俺があったのだと

俺が何度も俺に納得させせきれずにいるように
ここの波は俺の顔の上を過ぎて行く
できるなら俺は顔などもたない
零戦《ぜろせん》のようでありたかった
いま俺の横で沈んだまゝ形を失っている
あゝ　人には心があるから
俺には顔が十分残る

＊　＊

平家蟹が沈んだ海は暮れるとき
ひととき紫色に変色してみせる
あれは怨念よりも明るい未来に
火を灯そうとする　せつなさを今は
もっているからだ
それで
夜になると俺達は語り合う

同じ海に沈んだ同士の波長で
彼がすべての人を殺したとき
波が静かになるのだという説に聞きほれる
そういえば　このごろ
海の吃水線が白くはっきりしている
あれは俺達の念が浮遊するからだ

だから
俺は次第に決意する
俺の眉間の皺をかくすには
人ひとりを一本づつの割で
きれいにしていけばいいのだと

――１９８１・７・２３作

（注5）……157ページ参照

詩とは不思議なものです。広島の講演会で私は数篇の自作詩を朗読しました。でも、本当の詩の作者は私ではなく、死んだ人「いのち」なのだと、思い当たらされた詩篇が幾つかありました。戦争の痛みを本当に知った人、知っている人は、戦争で死んだ人たちなのですね。

二つの魂

たくさんの呻きの中の
一つが僕だった
もう一つが母だった
空に消えたのはきのこ雲だった
僕と母の呻きは
はなればなれになったけど

まだとんでいる
四歳のときまでしかしらない広島の街が
エーテルになって僕の下にある
太田川の水がキラッと光ったままに

あのとき
たくさんの呻きをつくっていた一つが
僕だなんて
誰にも教えて貰えなくても分った
一つで翔ぶのが上手になってしまっただけ
僕は知った
母からの距離ははかれない
声はもう出ないから
（ノン！　声はもういらないから出ない）

明後日《あさって》　新幹線広島駅ホームから
下り始発博多行きに乗車して下さい
発車まで　語り合いたいから
母と子は手をつないでいて下さい
しっかりつないでいないと
魂はちぎれやすい素材でできているので
すぐだめになる
記憶の中だけでも
四歳までつながっていたものを
振り切って　逃がした
魂の片割れが憎い

――1982・3・14

右の詩は、講演会の二年前に書いたものです。でも、講演会が終わって私は新発見、驚きました。講演会場のある広島原爆資料館の前庭には、大きな銅像があります。原爆でやられた母親を追いながら、オロオロ歩く4～5歳の男の子の、母子像です。それを見た瞬間、私は右の詩はこれなのだと思い当たりました。

それから「戦争で死んだ姉」、これもそうです。

戦争で死んだ姉

あなたの髪は
焔となって燃えたという
あなたがみごもっていたみどり兒は
あなたの身体の中で
小さくアッと叫んだという
その頃　僕は
広島から少し離れた
福山の航空隊で

新型爆弾の話を
ひとごとのように聞いていた

十年前　僕は広島に行き
あなたが住んでいた紙屋町二丁目の
新しくふき替えられたペーブメントの上に
あなたのシルエットを探した
もしかしたら
銀行の石段に腰を下ろして
玄関の石壁にシルエットを残した
男の人のように
あなたのシルエットがありはしないかと

そんなもののある筈がない
一九七三年十月の広島の風は

都はるみの演歌のうなりを
きれいに巻き上げて
やはり抜けるような青空に消えている

もしかしたら　もしかしたら……僕は
銀行の石段に腰を下ろして
あのとき　八時十四分
あの男の人は自分が
一分後に一枚のシルエットとなることを
想像しただろうか
やはり同じ青い恐ろしさで
一九七三年十月の広島の空は
ぬけるように青いのだ

――１９８３・１２・２３作

この詩も講演会の三か月前に書いたものです。詩の中に〝紙屋町二丁目〟とありますが、書く時はそんな町があるなどとは知らず、フィクションとして口から出るままに記したものです。でも、講演が終わり、隣接の原爆資料館に行ったら、詩の中に書いた通りの〝八時十四分　銀行の石段に腰を下ろして　一分後に一枚のシルエットになった男の人〟の、本当にそのシルエットを刻印した銀行の石壁が展示してありました。その銀行名は〈住友銀行広島支店〉と掲示されていたので、すぐにタクシーでそこへ行きました。そこは紙屋町一丁目でした。だから、そこから少し歩いて行ったら、何と、〝あなたが住んでいた紙屋町二丁目の　あたらしくふき替えられたペーブメントの上に〟まさしくこの詩のままに、紙屋町二丁目は顔が映るほど真新しくふき替えられた茶色のマーブルのペーブメントでした。私はそのペーブメントの上に、〝あなたのシルエットを探した〟けど、〝そんなものある筈がない〟。そうです、私には「戦争で死んだ姉」などいません。私をここへ呼び寄せたのは、別の見知らぬ姉、いいえ〝あなたがみごもっていたみどり児は　あなたの身体の中で　小さくアッと叫んだという〟、そのみどり児だったのかもしれません。三か月前に私にこの詩を書かせ、講演会で私を、この紙屋町二丁目（爆心地から五〇〇メートル）に導いて、みごもった姉とその死んだみどり兒に引き会わされました。詩は一つの大きな供養、生者と死者が出会う場。まさしく命が書かせるもの、そしてその「いのち」とは在るものです。

最後にもう一篇「原爆忌に」

原爆忌に

水を　水を下さいと
松(注)永伍一は詩の中で
原爆の惨を歌った
その水は血に汚れていた　と
桂(注)芳久は体験記の中で書いた
あの水の町　広島を
僕は思った
誰が　その水さえも奪ったのかと

その時まで
地上に墜ちつづけたものは
透明な水だけだった
広島は酒の町　加茂鶴・千福
神さえもいとおしみ給うその糧を
その時
黄色なカオスにしたたりまでも
変えたのは何なのか

僕は問う相手を失って
永いあいだ空だけを見ていた
とうとう空の向うには何もないのだと
したたりのように回答を受け取った
その日から
空は曇ったまま

空は晴れたことがなかった
牛のように　あれはアメリカのせいではないのだ
あれは日本が戦争を仕掛けたせいではないのだ
まして帝国主義戦争のせいではないのだ　と
答えたちがぞろぞろ帰って来た
牛のように　連れ立って　いささかいそいそと

三十七年もたった広島や長崎の空には
あとかたもなく
きのこ雲はなかった
顔と顔を合わせて挨拶する市民達の中に
少しのケロイドの人を残すだけで
人は忘れることで生きられることを
昔話のように思い出している
では　死んだ人は今頃になって

何を忘れようとすれば生き返れるのですか
広島の十四万と　長崎の七万の
れいこんが訊いている
あの無数の首が
二つの町の空には
ケロイドになって残っている
えいえんの生き返れるための問いを
人という人の額にペタリと
ケロイド状に作りたい
作りたい

あゝ　アダムとイヴが食べた
エデンの園にまで立ち返って
智慧のリンゴを神に返せるなら
もう一度

この顔のケロイドをきれいにする
木の実を
神よ　下さらないものか

――1982・3・7作

※昭和五十七年三月三日「核戦争の危機を訴える文学者の集い」で、松永伍一氏は自作詩〈叫び声〉を、桂芳久氏は小説〈光の祭場〉の一節を、それぞれ朗読した。

右の詩は、広島原爆投下の加害者（責任者）を告発する詩です。それは〃アメリカのせいではない　戦争を仕掛けた日本のせいではない　まして帝国主義戦争（一連の植民地侵略戦争）のせいではない〃とすると、誰のせいか？　広島と長崎の死んだ者の口から言うと、彼らの一つっきりの命を奪った償いの仕方は一つしかない。〃えいえんの生き返れるための問い〃に誰かが答えてくれること。誰が？「私達人間が」、誰に？「私達人間」に。原爆投下の加害者と被害者はどちらも人間です。だから人間の敵は戦争。戦争を作り、やり、殺し合う人間「**私**」が加害者です。そして可哀そうな被害者です。

こんな「私」に誰がした？　いいえ、自分がなったのでした。知恵の実を食べて、お互いを他者と見、**神さえも他者とする**、サタンの目（畜生、餓鬼、地獄の目）のせいです。

それだから、ここで思い切って（決死になって、命と引き換えにするつもりで）、〝知恵のリンゴを神に返せるなら〟返して（嘔吐して）、〝もう一度　この顔のケロイドをきれいにする　木の実（えいえんの命を人に与える生命の木の実）を　神よ下さらないものか〟と、**必死になって目指す**この他にもう道は残っていないようです。

〈追記1〉 詩篇「鵞ペン――一九九九年のために」、予言の詩です。

……57ページ参照

この詩は、講演会で朗読した詩ではありません。でも載せておきます。なぜか？　本書(四つの講演)を一言で語るような言葉が記されているからです。でも読めばお判りの通り、原罪説に立つ救世主信仰を真っ向から否定する詩です。それに代わって、イエスの真正の教えは「**愛**」であることを記した詩です。今は昔、ノストラダムス予言が喧伝され始めたのは1975年。その翌年に書いた詩（天啓のように降りて来た詩）で、仮に1999年のノストラダムス予言が真実であったとしても、それを無にしてしまう秘策を示した詩ですね。追記として加えておきます。

鵞ペン

――一九九九年のために

震える手だけを
僕は信じる

大きな空に向って
鵞ペンで記憶のスペルをつづる
そういう震える手を
僕は信じる

永い時間待たされていると
人はベンチの痛みで時間をはかり
とうとう逢う人が来る期待を疑う
喪失という言葉が
ペタリと彼の額にはられ
花のようにうつむいた目で
黒い大地をすべての存在とする

彼にはどんなに勇気があっても
自分から愛を告白するほどお人よしでない

聖なる壁が毀れて　彼の方によりかかる
そんな瞬間をじっと待ちつづける
期待！　という大きな信仰箇条が
デンと彼のバイブルの九十九頁をしめているので
とうとう一〇〇ページ目があけられる前に
地球の方が駄目になってしまう

一九九九年　七月の第一週
僕はこの目で見るのだ
大きな球と　少し小さい球と
二つの火が矢のように
天界から降るだろう
僕はそれをよけそこねて
転ぶだろう
人々は光で目が盲いて

真赤な色だけを世界に見るだろう
ヨハネの言った言葉が少しあたり
ノストラダムスの言葉はすっかり当るだろう

一九九九年の七月第二週に
僕は未だ生きているかもしれない
しかし周りには少しの人がうごめき
多くの霊魂が空へ昇っていくのが見える
僕は草の生えた丘の大きな欅の木の傍で
後の世のために詩を書き残す

人類が死に絶えそうになった日に
独りのひとが地に来て
大粒の涙を流したので大地は少しうるおい
新しい木と新しい飲み水がつくられた

残った人々がその木を食べその水を飲んだので
新しい人がつくられ
新しい人達は　それからもう火の球で焼けた
土を見ることはなくなった
そのかわり
大空に向って
鵞ペンで字を書く
まだよく乾いていない記憶のインクで
大空に　震える手で
〈愛〉と
いま僕が書こうと思った字を書く

――１９７６・４・２１作

〈追記2〉 詩篇「むなしい戦から帰らぬ友へ」

本書のしめくくりとして、この詩篇を巻末に追記しておきます。

この詩は、特攻で死んだ学友（孫尾徳次郎）から、生き残った者達へ宛てた、警告のメッセージ詩です。（既に口を失った彼に代わり、私がその心を聞きとって、私のコトバで記しました）。

戦後の、経済繁栄に心浮かれて、戦争で死んだ者達のことをスッカリ忘れ呆けた君達の前途には、真赤な死の花が咲く地球の姿が見えているぞ……と。これは戦後65年、ピッタリの詩ではありませんか。２０１０年8月１５日、民主党の菅内閣は申し合わせて全閣僚が一人も靖国神社の参拝をしませんでした。これは今までになかったことです。

むなしい戦から帰らぬ友へ

学長先生の下手くそな答礼をうけて
僕等は学門を出た

いちように黒いサージ服に脚絆をつけた
僕等は　それぞれの戦地へ行った
そこで　そろいの帽子を被らされ
銃をもたされた
たしか　同じ方角へ放った弾丸《たま》が
みんな僕等に返ってきて
運の悪い奴だけが死んだ

戦後は
あの戦地より　よほど砂漠じゃないか
君等の顔には
戦友の臭いの一かけらもない
皮膚は死んだあいつの顔より
カサカサしている
重い銃がないだけで

どんなに空気が上等になったとでもいうのか
摩天楼まがいのビルに
僕は一発ぶちこんでやる

君等が死について考えないので
地球はもう死にかかっている
見よ　あちこちに赤い花が咲いている
あれは千年に一度咲く花だ
それは死をかたどる最後の花だ

きっと　そうだ
死んだ戦友等が
僕等のことを呪っている
明るくなった空に　オルゴールの音が
文明のひびきを残し

もう聞こえない耳に　じっと聴きほれる
あの痛々しい姿が
もし　もし……僕でなければ

――1973・9・27作

著者略歴　桑原啓善《くわはらひろよし》
（ペンネーム　山波言太郎《やまなみげんたろう》）（1921～2013）

詩人、心霊研究家。慶應義塾大学経済学部卒、同旧制大学院で経済史専攻。不可知論者であった学生時代に、心霊研究の迷信を叩こうとして心霊研究に入り、逆にその正しさを知ってスピリチュアリストになる。浅野和三郎氏が創立した「心霊科学研究会」、その後継者脇長生氏の門で心霊研究30年。

1943年学徒出陣で海軍に入り、特攻基地で戦争体験。1982～84年一人の平和運動（全国各地で自作詩朗読と講演）。1985年「生命の樹」を創立してネオ・スピリチュアリズムを唱導し、でくのぼう革命を遂行。地球の恒久平和活動に入る。1998年「リラ自然音楽研究所」設立。すべての活動を集約し2012年「山波言太郎総合文化財団」設立。

訳書『シルバー・バーチ霊言集』『ホワイト・イーグル霊言集』『霊の書』上下巻『続・霊訓』『近代スピリチュアリズム百年史』他。著書『人は永遠の生命』『宮沢賢治の霊の世界』『音楽進化論』『愛で世界が変わる』『日本の言霊が地球を救う』他。詩集『水晶宮』『同年の兵士達へ』『一九九九年のために』『アオミサスロキシン』他。

人類の最大犯罪は戦争

〈不戦と非武装〉
時代を越えて変わらぬ平和の原理

2010年　9月21日　初版 第1刷 発行
2019年　9月21日　　　 第3刷 発行

著　者　桑原 啓善

装幀者　桑原香菜子

発行者　山波言太郎総合文化財団

発行所　でくのぼう出版
神奈川県鎌倉市由比ガ浜 4-4-11
電話　0467-25-7707
ホームページ　https://yamanami-zaidan.jp/dekunobou

発売元　株式会社星雲社
東京都文京区水道 1-3-30
電話　03-3868-3275

印刷所　株式会社シナノパブリッシングプレス

ISBN978-4-434-14927-6